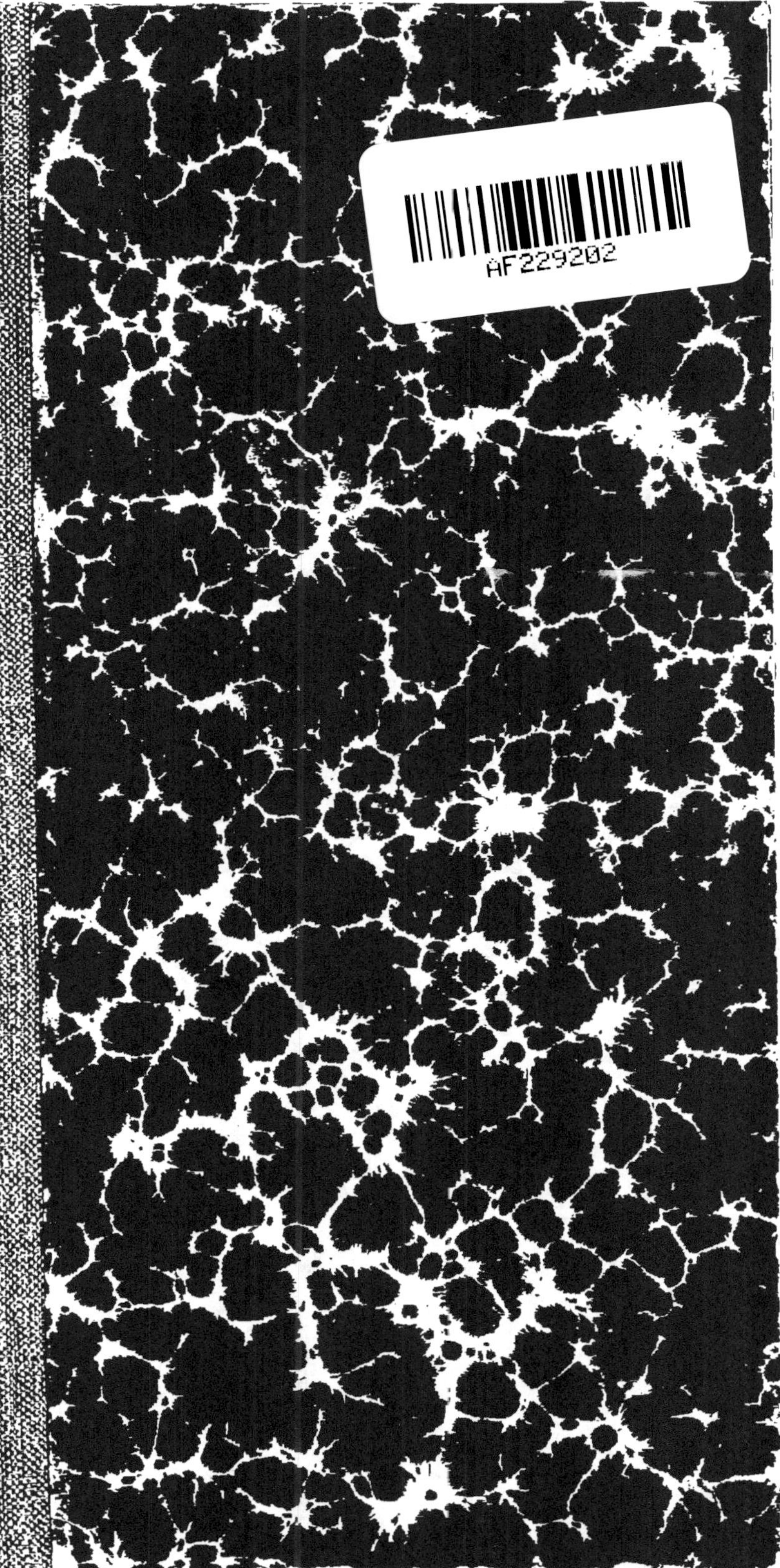
AF229202

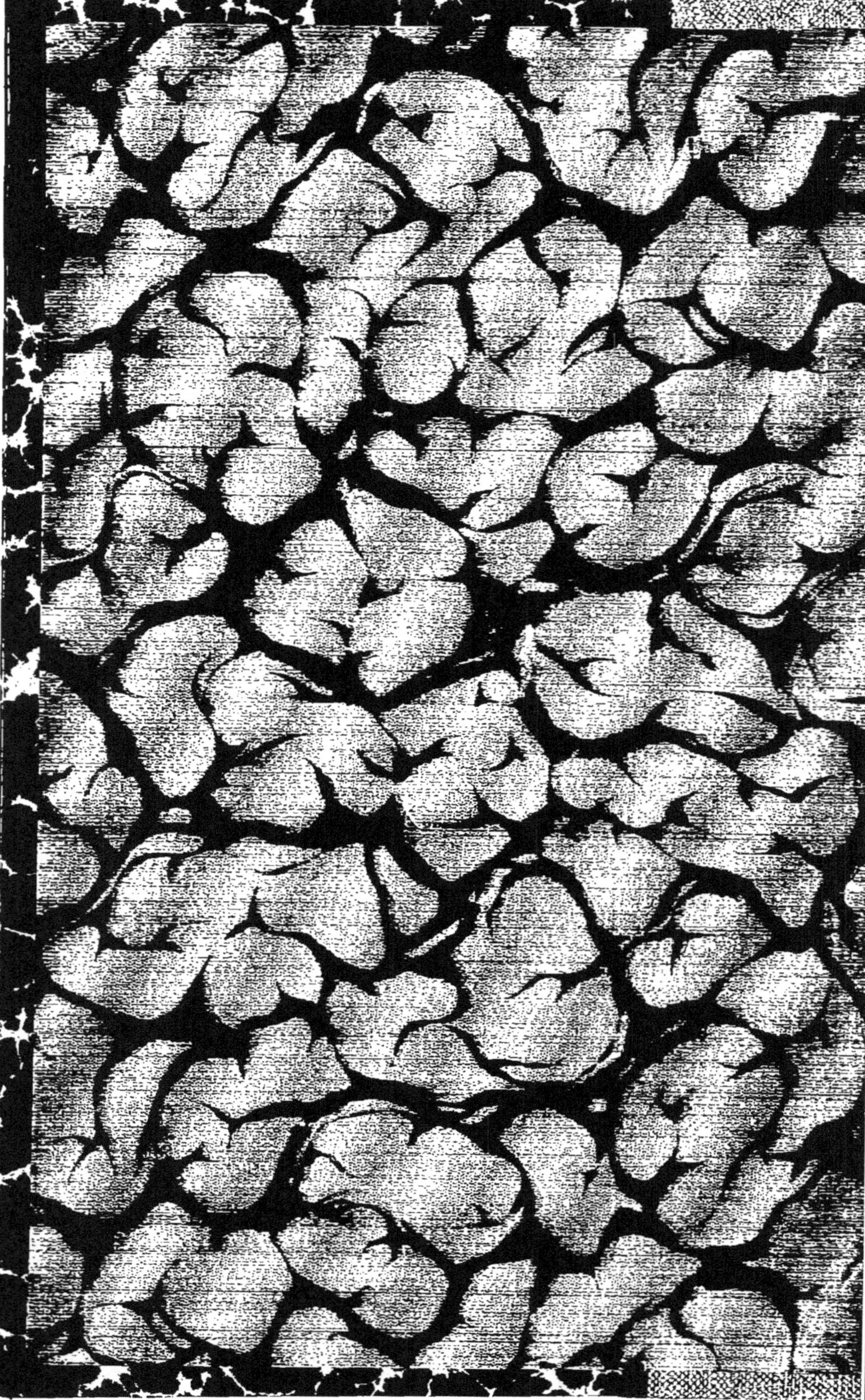

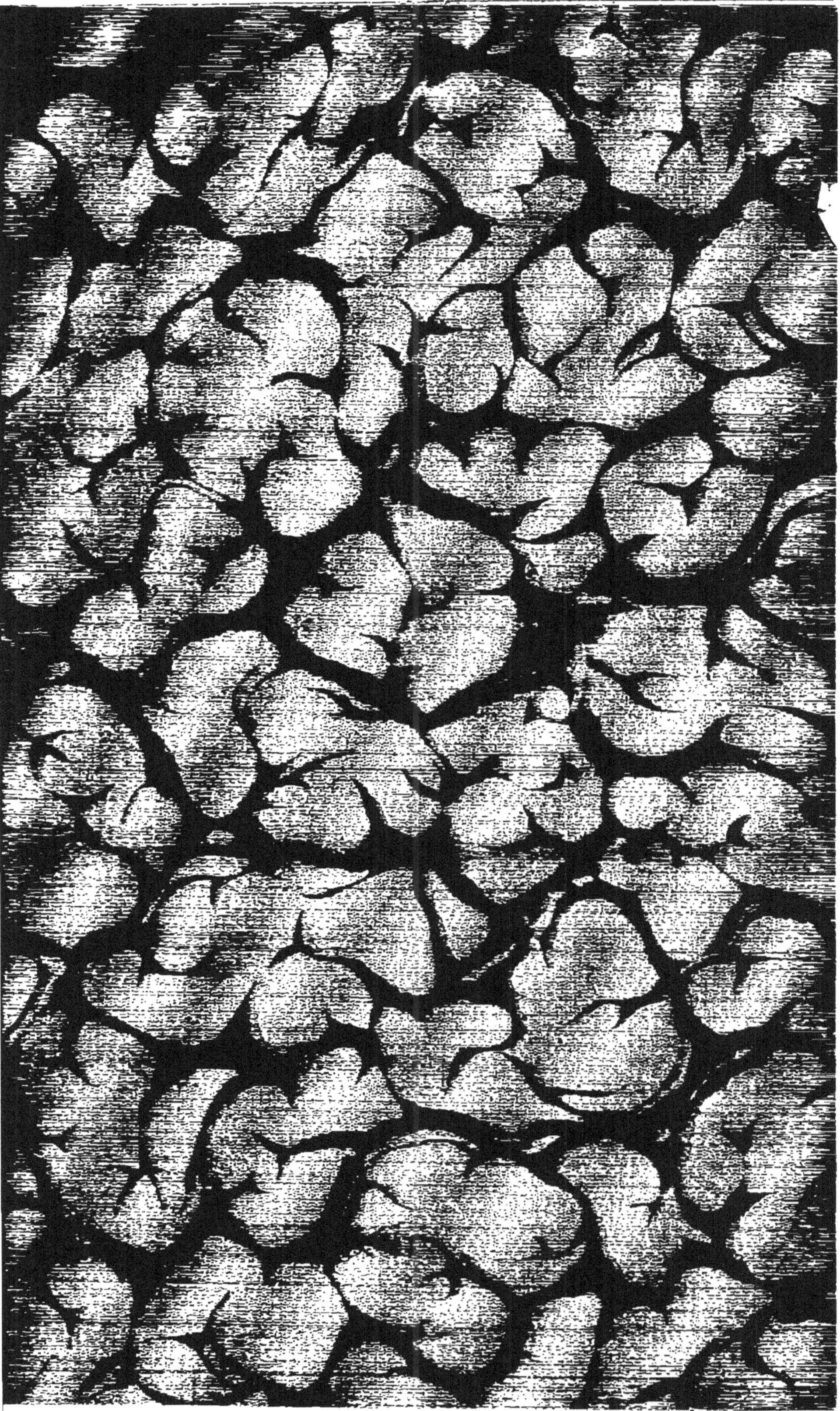

LE
CARDINAL PIE

ET SES OEUVRES

—

ÉTUDE PHILOSOPHIQUE, RELIGIEUSE & SOCIALE

PAR

A. TROLLEY DE PRÉVAUX

PROFESSEUR A LA FACULTÉ CATHOLIQUE DE DROIT DE LILLE

LIBRAIRIE H. OUDIN, ÉDITEUR

PARIS | POITIERS
51, RUE BONAPARTE, 51 | 4, RUE DE L'ÉPERON, 4

1882

LE CARDINAL PIE

ET SES ŒUVRES

LE CARDINAL PIE

ET SES OEUVRES

—

ÉTUDE PHILOSOPHIQUE, RELIGIEUSE & SOCIALE

PAR

A. TROLLEY DE PRÉVAUX

PROFESSEUR A LA FACULTÉ CATHOLIQUE DE DROIT DE LILLE

LIBRAIRIE H. OUDIN, ÉDITEUR

PARIS | POITIERS

51, RUE BONAPARTE, 51 | 4, RUE DE L'ÉPERON, 4

1882

AVERTISSEMENT

Cette étude a paru pour la première fois dans l'Association catholique, et l'accueil bienveillant qu'elle y a reçu d'un public d'élite nous encourage à lui donner une plus grande diffusion.

Deux motifs nous y poussent d'ailleurs.

La mémoire du vénéré et regretté Cardinal Pie est à jamais vivante non seulement dans les cœurs Poitevins ou Vendéens, mais bien au delà des limites de son diocèse. Une esquisse, même incomplète et hâtive, peut être un utile aliment offert à ce religieux souvenir jusqu'au jour où paraîtra la grande œuvre promise par M. l'abbé Baunard, et à laquelle son importance, le talent de son auteur, donnent le droit de se faire attendre.

Et puis, ce n'est pas une vie que nous avons voulu écrire, mais une étude au cadre plus restreint, aux proportions plus modestes, à l'objet plus précis : étude doctrinale et nullement biographique.

La lecture complète et attentive des œuvres du Cardinal Pie nous a révélé un ensemble admirable de doctrine philosophique, religieuse, sociale. Elle a achevé de nous fixer dans la vérité. Pourquoi n'essaierions-nous pas de communiquer à d'autres le bienfait intellectuel qu'elle nous a procuré, en pressant, pour ainsi dire, ce vaste enseignement dans quelques courts chapitres inspirés par les divers aspects de cette grande vie épiscopale ?

Cet aperçu doctrinal ne peut, sans doute, avoir la salutaire énergie de la source où il a été puisé. Puisse-t-il seulement y conduire beaucoup de ceux qui le liront ! Trop heureux serait son auteur, si, après avoir été affermi lui-même, il pouvait convaincre ou affermir quelqu'un de ses frères.

Qu'il lui soit permis d'avoir, en publiant ces pages, comme il l'a eue en les écrivant, une pensée toute particulière pour les jeunes intelligences que sa mission est de cultiver et d'aimer, qui tenaient une si large place dans les préoccupations du grand évêque de Poitiers, sur qui reposent tant d'espérances patriotiques, et qui abordent avec tant d'ardeur les grands problèmes de la vie.

Nous dédions ce petit livre à la jeunesse des écoles.

LE CARDINAL PIE

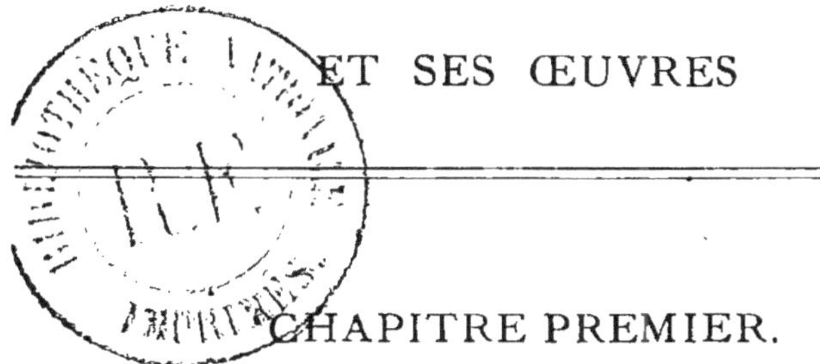

ET SES ŒUVRES

CHAPITRE PREMIER.

LA PAROLE ET LA DOCTRINE ILLUSTRANT UN ÉPISCOPAT.

I

C'est souvent à l'heure des plus rudes combats
que Dieu fait disparaître un grand homme de guerre.
L'armée alors, sans perdre courage, sent le deuil
l'envahir et se mêler au sentiment du danger. Le
soldat se souvient du chef éprouvé qu'il a perdu, de
sa vaillance et de son génie; il cherche à retremper
son âme dans le récit de ses campagnes glorieuses.

Le cardinal Pie avait été donné à la grande armée
chrétienne dans l'Église de France, comme un de ces
chefs invincibles, au regard perçant et à la voix
claire, pour démasquer le plan de l'erreur et tracer

majestueusement celui de la vérité. Après avoir soutenu au-dessus de tant de ruines philosophiques et
sociales la lumière destinée au relèvement futur, il
manque précisément à l'heure où s'annonce le plus
terrible choc de l'armée du mal. Mais l'Église est
sûre de vaincre, et ses tristesses ne sauraient tourner en découragement : elle ne cessera d'être militante que pour être triomphante. Et, d'ailleurs, si
l'œil du grand évêque est éteint, si sa bouche se tait,
tout soldat de l'armée sainte peut éclairer sa vue et
animer son courage dans la trace lumineuse de ses
immortels écrits.

Je n'imagine pas qu'on puisse le lire sans cette joie
intime et pénétrante que donne la vision du vrai,
comme je n'imagine pas qu'on ait pu le voir et l'entendre sans admirer la majesté de cette grande figure,
la profonde clarté de ce regard et de cette parole.

Quand je veux ressaisir dans mes souvenirs poitevins les plus vives impressions que sa vue m'ait laissées,
je vais de préférence les chercher dans les fêtes du quin-
zième centenaire de Saint-Hilaire et du concile de
Poitiers. Je vois l'assemblée conciliaire s'avancer vers
la cathédrale, puis vers l'autel, à travers une foule immense qui bat comme une mer les murailles du grand
édifice, et dans ce cadre imposant, parmi les pontifes

bénissant, impossible de ne pas discerner notre évêque et de ne pas reconnaître dans son imposante physionomie le symbole visible de son glorieux pontificat.

On a vu, deux ans après, au concile de Rome, avec quel éclat il représentait son Église.

« L'Église universelle a retenti de ses luttes (1) » et profité des rayons de sa doctrine. Mais les deux Églises de Chartres et de Poitiers ont eu le privilège, l'une de former et préparer, l'autre de posséder pour évêque ce grand successeur d'Hilaire.

L'Église de Chartres le prit tout enfant et l'éleva jusqu'au sommet de sa hiérarchie avec une prédilection et un orgueil maternels. Il lui rendait un amour filial. Plus tard, allant au concile, il voudra s'arrêter au village natal, répandant ses bénédictions, sa parole grave et émue dans cette église de Pontgouin dont les fonts baptismaux l'ont fait chrétien en la fête de Notre-Dame du Rosaire, puis au séminaire de Saint-Chéron qui fut, avant Saint-Sulpice, témoin de ses rapides progrès dans la science et la discipline sacrées. Et cette cathédrale où il reçut la prêtrise, qui eut les pré-

(1) *Oraison funèbre de Mgr l'Évêque de Poitiers*, par Monseigneur Gay, évêque d'Anthédon.

mices de son zèle sacerdotal, et d'où son renom s'étendit au loin, Notre-Dame de Chartres, avec quelle grâce et quels beaux accents il lui dit adieu quand les devoirs de l'épiscopat l'en séparent! et quel magnifique langage il y fera entendre un jour pour exalter la Vierge solennellement couronnée, ou pour louer les mâles vertus de son ancien évêque, ou pour raconter les grandeurs de la basilique six fois séculaire, ou pour y solenniser un grand pèlerinage national!

Chartres a vu naître au sacerdoce et briller de plus en plus, sous la direction paternelle du vénérable abbé Lecomte et de Mgr Clausel de Montals, le prêtre éminent, l'apôtre et le docteur, l'homme de Jésus-Christ et de l'Église, enfin l'orateur et l'écrivain qui fut le cardinal Pie. Le jeune vicaire général annonce les grandes œuvres de l'évêque dans les deux admirables panégyriques de Jeanne d'Arc et de saint Louis, dont l'un retentit à Orléans, l'autre à Blois et à Versailles.

Les trente-quatre années dont se composait l'âge du nouvel évêque offriront aux lecteurs de sa vie une étude pleine d'intérêt et de charme. Mais combien plus ils seront captivés par l'histoire de son épiscopat! Épiscopat comme il s'en rencontre un de siècle en siècle dans les annales de l'Église, et dont les proportions, débordant le cadre ordinaire, se mesurent au grand édifice dont il fut le solide soutien, je veux dire l'édifice de la vérité chrétienne et de l'Église catholique.

Soit qu'il gouverne sa propre église en parlant à ses prêtres ou à ses fidèles, soit qu'il aille porter sa parole à d'autres diocèses, soit qu'il prenne part aux conciles provinciaux et plus tard au concile œcuménique, les actes et les écrits de l'évêque de Poitiers ont une portée doctrinale si haute, et un rapport si constant avec le mouvement des idées et des faits, qu'ils forment une page importante de l'histoire religieuse, philosophique et même politique du siècle présent. Il comprend et réalise sa mission épiscopale à la façon de ces grands pontifes, comme Hilaire et Athanase, qui saisissant au regard la manœuvre lentement et perfidement conduite par l'esprit d'erreur contre le salut du monde en Jésus-Christ et en son Église, poussent le cri d'alarme et font tomber les masques, défendent la vérité contre les plus puissants ennemis, la préservent des plus séduisants alliages.

Sa lettre pastorale et son discours d'arrivée annoncent bien ce qu'il sera. En ce lendemain de révolution il montre les terribles effets du duel insensé entre l'homme et Dieu qui attire sur la créature les foudres du Créateur. Il juge avec autorité les temps au milieu

desquels il paraît, et la mission à laquelle il est envoyé : « Replacer toutes choses sous le légitime em-
« pire de Dieu, de Jésus-Christ et de l'Église ; com-
« battre partout cette substitution sacrilège de l'homme
« à Dieu qui est le crime capital des temps modernes ;
« résoudre une seconde fois par les préceptes et les
« conseils de l'Évangile tous les problèmes que l'Évan-
« gile et l'Église avaient déjà résolus, éducation, fa-
« mille, propriété, pouvoir ; rétablir l'équilibre chré-
« tien entre les diverses conditions de la société ;
« pacifier la terre et peupler le ciel (1) ! »

Il invoque Hilaire et le prend pour modèle : « Vos
« immortels ouvrages seront, après les livres saints,
« l'objet de notre étude la plus assidue ; ils nous en-
« seigneront à la fois et les hardiesses de la résistance
« et les temporisations de la charité. Nous n'aurons
« qu'à nous inspirer de votre esprit, et souvent qu'à
« répéter vos paroles... (2). »

Et ainsi fait-il en répondant à cette question : « Qui
êtes-vous ? » par ces mots : « Je suis évêque », c'est-à-
dire : je suis père, je suis pasteur, je suis l'homme de
la paix et de la charité, mais surtout, « je suis parmi

(1) I, 103.
(2) I, 113.

« vous le consul de la majesté divine, l'ambassadeur et
« le chargé d'affaires de Dieu. Si le nom du Roi mon
« maître est outragé, si le drapeau de son fils Jésus
« n'est pas respecté, si les droits de son Église et de son
« sacerdoce sont méconnus, si l'intégrité de sa doctrine
« est menacée, « je suis évêque »; donc je parlerai,
« j'élèverai la voix, je tiendrai haut et ferme le drapeau
« de la vérité, l'étendard de la liberté qui n'est autre
« que l'étendard de mon Dieu. Les pusillanimes pour-
« ront s'en étonner, les esprits d'une certaine trempe
« pourront même s'en scandaliser. C'est pourquoi j'ai
« voulu m'en expliquer librement dès aujourd'hui,
« parce que vous ne sauriez suspecter à cette heure
« l'abondance de charité qui déborde de mon
« âme (1). »

Ainsi se révélait aux fidèles le grand champion des
droits de Dieu et de l'Église, le pasteur vigilant qui
continuera de les instruire et de les gouverner par
une admirable série d'écrits pastoraux, de mandements
et d'homélies, et qui ne sera pas moins éloquent dans
la poursuite des brebis égarées que dans la garde des
brebis fidèles, quand il adressera aux dissidents de la
petite Église deux appels pleins d'une logique irrésis-

(1) I, 132.

tible, d'une sévérité attristée, d'une compassion tendre
et poétique (1).

Et ce qu'il fut pour son clergé, la sagesse de ses vues
et de sa conduite en matière de gouvernement ecclésiastique ; son intelligence du zèle sacerdotal et la
forme pénétrante qu'il emploie à la communiquer ;
l'autorité douce, mais ferme, avec laquelle il veille
sur la discipline et la dignité du corps ecclésiastique,
en révisant ses statuts ; les trésors de conseils et de
direction, de jugements et d'appréciations qu'il lui
ouvre à propos des questions du jour et des phases de
la politique ; mais surtout les puissantes réfutations
qu'il lui fait entendre, l'invincible armure dont il le
revêt contre les nouvelles manifestations de l'erreur ;
enfin l'étroite union où il le tient avec le Saint-Siège,
lui transmettant, magnifiquement commentés, les
enseignements pontificaux et lui parlant de Rome et
du Pape à toute occasion en termes pleins de grandeur
et d'onction ; tout cela éclate à chaque pas dans ses
instructions synodales, impérissables monuments de
doctrine, dans la suite variée et attachante de ses entretiens ecclésiastiques, enfin dans les homélies prononcées aux dates anniversaires de sa consécration, et

(1) I, 385 ; II. 38.

qu'anime toujours, avec un sentiment d'humilité devant la grandeur de sa fonction, la tendresse de son cœur pour ses fils dans le sacerdoce.

Le tribut de la louange a été dignement payé à cette grande mémoire, et nous ne pouvons ambitionner de dire la sainteté et la fécondité de cette vie pastorale autrement et aussi bien que l'éminent prélat qui y fut associé. Cette vigilance, cet œil sans cesse ouvert sur toutes les parties d'un vaste diocèse, cette connaissance prompte et profonde de son histoire, de son état et de ses besoins, cette autorité grande et majestueuse, cet art de commander et de corriger, l'ardente charité et la belle simplicité de cette âme ont ainsi trouvé un éloge qui ne nous laisse rien à dire, et qu'une plume sacerdotale et magistrale reprendra dans un cadre plus étendu. De même ne ferons-nous que signaler ce religieux amour des traditions de l'Église, ces vingt-trois synodes tenus en trente ans, cette part reconnue principale à cinq conciles provinciaux, enfin toutes ces œuvres à la fondation, à la restauration ou au soutien desquelles l'évêque a mis sa main et son cœur, depuis son petit séminaire de Montmorillon jusqu'à sa grande et chère faculté de théolologie, depuis l'antique et précieux monastère de Ligugé, héritage de saint Martin, et celui de Sainte-Croix, héritage de sainte Radegonde, et la communauté des Oblats de Saint-Hilaire, jusqu'aux chanoines réguliers de Latran recueillis après leur exil dans l'abbaye vendéenne de Beauchesne. Les fils de Saint-Ignace, les fils et les filles de Saint-Dominique, les Carmélites à Niort, les Petites-Sœurs des pauvres à Poitiers, les filles de l'Espérance et celles de la Miséricorde, celles de Sainte-Philomène à Salvert, celles de la Croix-Saint-André à la Puye, celles de l'Assomption furent l'objet de sa protection et de son aide. Hélas ! parmi tant de foyers de religion, de science, de dévouement, combien sont déjà atteints par une persécution sacrilège !

Ce n'est point cette fécondité prodigieuse ni cette admirable sagesse de gouvernement, ce n'est point la charité de ce cœur et l'activité de cette main, qu'il convient de prendre ici pour sujet d'étude. L'évêque de Poitiers a été par dessus tout un œil de lumière et une bouche de vérité ; bouche éloquente et puissante qui fait retentir auprès et au loin une forte doctrine ; foyer lumineux qui concentre et disperse d'éblouissants rayons. La parole et la doctrine ont dans les fonctions du pasteur une prééminence qu'il aura occasion de proclamer au sacre de son éminent auxiliaire, en s'inspirant de saint Paul, l'apôtre et le docteur des nations (1).

(1) IX. 539.

Et comme, d'autre part, « les vices de la société moderne sont le hideux écoulement de ses doctrines (1) », l'étude de la doctrine dans ce grand évêque est l'étude *sociale* par excellence.

II

La doctrine ne peut se passer du langage. Ici elle captive l'oreille et va au plus intime de l'âme par un charme et une puissance d'expression qui placent le docteur au premier rang des orateurs et des écrivains. L'étude sociale et l'étude littéraire se touchent, se pénètrent et jaillissent ensemble de ces neuf volumes destinés à s'accroître encore.

Chacun de nos pas à travers ces grandes œuvres doctrinales, chaque enseignement, chaque lueur jetée sur la philosophie et la religion, sur la papauté et la politique chrétienne, sur les droits de l'Église, sa constitution et celle des sociétés temporelles, nous révélera les ressources de cette plume et de cette parole. Comment séparer la forme de la substance?

Nous jouirons de cette lumineuse transparence, de cette harmonie si pleine et si pure, de cette grandiose

(1) I, 138.

simplicité qui sont les qualités maîtresses de son style. N'est-ce pas là la beauté du Livre par excellence, celui des saintes Écritures ? Ne brille-t-elle pas aussi dans ces grands génies qui ont été les Pères et les Docteurs de l'Église, et dont chacun fournit quelque trait à cette physionomie neuve et antique à la fois : Hilaire et Augustin, Jérôme, Ambroise et Bernard ? Cette source divine de la révélation, ce fleuve sacré de la tradition, dont il s'imprégnait et faisait son élément, s'y jouant avec une grâce et un à-propos merveilleux, y puisant toute inspiration, y trouvant le mot de toute chose, la consécration de tous ses discours, l'exposé précis, l'image ressemblante des événements ou des personnes, ont dérivé chez lui en une onde calme et unie, en un lac brillant et tranquille sur lequel on glisse sans effort et qui a la sérénité du ciel reflété par lui.

Rien de vague d'ailleurs dans cette « douce fluidité » et cette tranquille abondance. Il faut voir avec quelle vigueur il sait entrer dans le sujet et y avancer, par quels élans il vous soulève et vous entraîne, et quel secours offre cette richesse de langage qui éclaire et fixe les réalités du monde invisible au moyen des plus vives peintures, des plus grandes et gracieuses images.

Sans attendre que ces beautés nous frappent dans

'admirable enchaînement des doctrines, nous pouvons
onsidérer au seul point de vue littéraire un certain
ombre de discours ou d'écrits moins directement des-
inés à la défense et au développement de la vérité, et
ignes d'être présentés comme des modèles dans les
ivers genres auxquels ils appartiennent. .

J'ai cité les panégyriques de Jeanne d'Arc et de
aint Louis. On éprouve un charme particulier à voir
  jeune orateur sacré, prenant l'Esprit-Saint pour
uide, donner à la merveilleuse vie de Jeanne la fraî-
heur et le parfum d'un épisode biblique emprunté au
ivre des Rois ou des Juges, tandis qu'un souffle pa-
iotique passe dans ses paroles quand il décrit l'abais-
ment du royaume de France, puis les exploits de
héroïne menant à Reims le lieutenant de Jésus-Christ,
qu'il s'attendrit sur sa fin douloureuse, mais pour
montrer un triomphe de plus. Et s'il parle de Louis,
st d'abord un tableau de ce gouvernement chrétien
i fait régner Dieu par la justice et la charité, par la
erté et la religion, pages pleines et instructives qui
ulent comme les années de paix de ce règne béni;
ais c'est surtout un magnifique développement des
incipes supérieurs qui éclairent les croisades, une
goureuse réfutation des préjugés vulgaires sur ces
andes entreprises qui ont refoulé la barbarie otto-

mane et fait la puissance du nom français en Orient
c'est enfin un touchant portrait de Louis dans l'ad-
versité et dans la mort, et un pressant appel à la croisade contre le sensualisme irréligieux qui nous perd.

Plus tard, il allumera au cœur des Nantais une
flamme d'enthousiasme en leur parlant de saint Emi-
lien, ce pontife guerrier dont l'expédition, préludant
aux croisades, défendit contre l'islam le règne social
du Christ pour lequel tout chrétien doit traduire en
actes sa prière quotidienne.

En suivant cette série des panégyriques, on ne cesse
pas d'admirer. Nous rencontrons sainte Théodosie
et la bienheureuse Germaine : Théodosie, femme et
mère chrétienne au sein du monde païen, personnification et modèle de la femme française dans un monde
d'impiété et d'indifférence ; Germaine, pauvre bergère,
gracieuse étoile au firmament des élus, venant à point
nommé quand le rêve de chacun est de jouir, quand la
fausse philosophie prétend supplanter l'Évangile, et
l'État l'Église, pour verser sur cette plaie sociale la
douce et consolante lumière d'une vie sanctifiée dans
la pauvreté, la souffrance et l'abjection, d'une sagesse et
d'une science apprises au pied de la croix ; mystérieuse
correspondance entre le culte des nouveaux saints et le
cours des choses de ce monde, admirable opportunité

 qui brille en d'autres exemples contemporains, autant de tableaux saisissants autour de Germaine.

Ce rapport entre les choses du ciel et celles de la terre, il l'expose avec plus d'ampleur et de puissance encore dans la béatification de Benoît Labre, type accompli du chrétien, envoyé par la Providence à ce siècle de naturalistes et de faux sages qui écartent l'Évangile, ou le mutilent, ou l'abaissent, pour lui montrer la sagesse humaine immolée devant la folie de la croix, le règne de la grâce assis sur les débris de la nature, l'Évangile pratiqué dans la dernière rigueur de ses conseils ; Benoît Labre « issu de cette petite bourgeoisie qui allait faire la plus grande révolution qu'ait jamais vue le monde », pour être, par une vocation sublime, « la contre-révolution en personne », pour être un docteur en même temps qu'un héros et un thaumaturge, pour avoir raison contre tous et faire réfléchir la génération contemporaine que poussent à sa perte l'oubli et le mépris du surnaturel. Quelle vigoureuse peinture de l'abaissement moral et intellectuel des âmes en face des abaissements héroïques que ce saint inflige à la nature pour être surnaturellement uni avec Dieu !

C'est aussi saint Martin, le grand thaumaturge, le terrible ennemi de Satan, conquérant les Gaules à

Jésus-Christ par la puissance de sa parole et de ses prodiges, dont le christianisme robuste et vigoureux vient se dresser en face du christianisme appauvri de notre époque.

C'est saint Hilaire, dont la figure géante animera ces belles homélies, admirables blocs de doctrine taillés pour les temps présents.

Saint Remi, père, lui aussi, de la patrie française, continuateur d'Hilaire et de Martin, fondateur de l'ordre social chrétien et de la royauté du Christ, là où Hilaire avait été le sauveur de l'orthodoxie et le vengeur de la divinité du Verbe, lui inspirera à son tour de magnifiques pages sur le caractère populaire et national du grand acte de Reims, sur la vocation et la grandeur de la France, sur sa religion et son sacerdoce, sur la part de royauté qu'un Français tient d'en haut par le baptême, comparée à celle de souveraineté qu'il tient d'en bas par les principes modernes.

C'est enfin le surnaturel et douloureux enfantement de la France par les prières de Clotilde et de Radegonde; quels traits touchants, quelles nobles et patriotiques pensées, quand il dépeint la royale patronne de Poitiers aux pèlerins qui s'arrêtent pour visiter son tombeau !

Que l'Église place sur les autels un nouveau martyr : il aura pour lui des accents pleins d'une suave fraîcheur ou d'une vigoureuse énergie, comme ceux par lesquels il décrit le supplice de Bobola et flétrit le schisme russe.

Mais quel ravissement quand, tournant sa louange vers l'ange de l'école, Thomas d'Aquin, il déroule les prodiges de cette science plutôt divinement infuse qu'humainement acquise, et fait briller avec elle cette virginale pureté, cette flamme d'amour surnaturel allumée au cœur du sublime théologien !

Enfin, au-dessus des plus saintes créatures, la Vierge Immaculée, la mère du Sauveur, est souvent l'objet de ses louanges comme de sa piété. J'ai dit qu'il a magnifiquement exalté Notre-Dame de Chartres et fait revivre les splendeurs séculaires de sa basilique. Mais voici que la Vierge de Lourdes reçoit de Pie IX une couronne terrestre ; la France catholique est à ses pieds ; pour basilique, le torrent et la vallée, la montagne et le ciel. Alors, à cette clameur immense qui s'élève du sein de la nature se mêle une superbe homélie dont l'éloquence et la doctrine recevront du Saint-Père un témoignage d'admiration et de reconnaissance.

Les béatitudes célestes amènent ainsi sur les lèvres du pontife des discours où éclate la merveilleuse puissance de sa pensée et de sa parole. On n'a pas moins de peine à se détacher de ses éloges funèbres, qui font puissamment vibrer les âmes chrétiennes et françaises, et ne sont jamais sans enseignement pour ceux qui survivent.

Castelfidardo ! Loigny ! deux noms autour desquels revivent les glorieux morts de l'Église et de la patrie ; 1860 ! 1870 ! deux dates sombres dans l'histoire de la chrétienté. — La royauté pontificale, centre de tout l'ordre chrétien, attaquée, abandonnée, trahie ! Dix ans après, la France, fille ingrate de l'Église, réduite aux extrémités dernières, expiant, dans l'humiliation de son nom et le sang de ses enfants, le crime de l'Empire devenu le crime national ! — Là bas, les croisés de la nouvelle Jérusalem, glorieux et utiles dans leur défaite, comme ceux de Damiette, de la Massoure et de Carthage. Ici, les témoins de l'honneur français, s'offrant pour la patrie aux coups de la colère divine.

« Levez-vous, soldats du Christ. Puisque Astolfe,
« puisque Didier ont reparu, debout la grande ombre
« de Pépin et de Charlemagne ! Ou si, par des
« mystères que nous ne voulons pas sonder, l'épée de
« Pépin et de Charlemagne demeure consignée au
« fourreau…, partez, généreux volontaires, partez des
« quatre vents et du sein de toutes les races catholiques.

Et si je ne sais quel patriotisme tardif et mal né
s'avisait de vous renier, dites que votre roi s'appelle
Pépin et votre empereur Charlemagne, dites que
votre bannière, c'est l'oriflamme de Saint-Denis ;
dites qu'un soldat français, au lieu de perdre ses
titres de nationalité, les reconquerrait bien plutôt
en faisant les œuvres de la France très chrétienne,
en acquittant les dettes de la fille aînée de l'Église. »

Voilà Spolète, Castelfidardo, Ancône. Et voici Loigny.
Loigny, « journée de bravoure, de foi et de sacrifice ».
Mais ici il faudrait tout citer. Ce coup d'œil attristé
sur les fautes qui nous ont livrés au bras de Dieu ; ces
profondes considérations sur l'honneur des armes
françaises ; cet accent de patriotisme à la pensée de
Pie IX revendiquant pour la France l'inamissibilité
de sa vertu et de sa renommée guerrières, quand la
France, écrasée sous le pied des envahisseurs, se voile
la face devant les regards équivoques de l'Europe et du
monde ; puis le récit de cette journée où toute défail-
lance est effacée par un magnifique exemple, surtout
ce fameux combat du soir, ce cri de douleur, inspiré
de l'Écriture, à la vue de soldats français qui hésitent,
de soldats français qui reculent et qui vont tourner le
dos à l'ennemi, cet élan terrible des huit cents zouaves
de Pie IX qui porte au milieu des Allemands l'effroi

et le signal de la retraite, et qui allait être une victoire
s'il eût été soutenu ; enfin, lugubre et religieux tableau,
ce champ de bataille, couvert du manteau glacé de la
nuit, et ces immolations qui du sombre plateau
s'élèvent vers le ciel ; — tout cela forme un enchaînement du plus saisissant effet.

S'il faut assigner une place de choix à ces deux œuvres grandioses, empreintes du même caractère, issues
de la même pensée, s'il est permis d'en rapprocher
l'éloge funèbre du général de Lamoricière consacré non
à ses actions guerrières, mais au travail intérieur de
sa foi vive et agissante, il n'y a cependant pas moins
d'éloquence dans la louange des pontifes que dans
celle des soldats glorieux.

Comment définir le sentiment qu'on éprouve à se
sentir insensiblement transporté du ton le plus simple
aux plus sublimes hauteurs ? Ce genre de beauté do-
mine dans l'oraison funèbre de Mgr Clausel de Montals, et celle de Mgr Fillion, évêque du Mans, et celle
de dom Guéranger, abbé de Solesmes.

Avec quelle tendresse filiale il vous intéresse à la vie
du premier, aux moindres traits de son caractère, à ses
combats pour la vérité, et finit par unir dans un éloquent regret sa mémoire et celle du vénérable abbé
Lecomte : « Grands et aimables dans leur vie, ils ne

seront point séparés dans mon cœur après la mort.
L'un qui nous retraçait le visage, le talent et la force
des Athanase, des Thomas de Cantorbéry et des
Bossuet; l'autre à qui les paroles fleurissaient sur
les lèvres, et qui exhalait le parfum des Ambroise,
des Bernard et des François de Sales. Ces illustres
d'Israël, illustres sans doute à des degrés différents,
nous les pleurerons toute notre vie. Jamais le glaive
puissant de Saül, dirigé contre les ennemis de la
vérité, n'a été tiré en vain; et la flèche que l'aimable
Jonathas lançait avec tant d'adresse dans les cœurs
n'est jamais revenue en arrière : *Sagitta Jonathæ.*
nunquam rediit retrorsum, et gladius Saul non est
reversus inanis. Nous avons été l'enfant béni, puis
l'humble collaborateur de l'un et de l'autre, du prêtre et du pontife; et nous le disons avec l'assurance
de n'être pas entraîné trop loin par notre affection :
si splendide et si grande que soit cette basilique, elle
a, de notre temps, abrité sous ses voûtes des splendeurs intellectuelles et des grandeurs vivantes assor-
ties à ses proportions.

« Temple saint, voilez-vous donc d'un crêpe funèbre : pleurez avec nous l'oint du Seigneur qui vous
donnait des vêtements d'or ; pleurez l'élite d'Israël
qui a succombé dans vos remparts ; et que vos échos

« sacrés redisent longtemps nos lamentations... »

En quel discours simple et grand il dira aussi la préparation providentielle de l'évêque du Mans, la pureté de son enseignement, la sagesse de ses conseils, sa conduite au Concile, mêlant avec une délicatesse exquise à sa louange celle du savant et pieux abbé de Solesmes !

Mais quand ce grand restaurateur de l'Ordre bénédictin, restaurateur aussi de la liturgie catholique, champion de l'orthodoxie, de l'Eglise et du Pape, aura reçu la céleste couronne de ses immortels travaux, ce sera une des plus grandes œuvres de l'évêque de Poitiers que cette oraison funèbre de dom Guéranger, qu'il faut lire et relire, et dont il n'est permis de détacher aucune page, si ce n'est pour l'étude doctrinale dans laquelle il faudra entrer.

Quelquefois sa parole se fait entendre au sacre d'un évêque: ce n'est pas une église veuve à consoler, c'est une épithalame à chanter. Ou bien ce sont des noces d'or à célébrer. Il faut voir quelle élévation, quel charme et quelle délicatesse revêt son langage dans ces solennités.

Que de sujets d'ailleurs pourraient nous arrêter, et rendre interminable l'étude de l'orateur et de l'écrivain ! — La guerre sainte de la Vendée, si éloquemment expliquée sur la tombe d'une de ses héroïnes, la marquise de la Rochejacquelein ; — l'éclat de ce grand nom soutenu dans la simplicité de la vie privée par un cœur chevaleresque et pieux ; — l'amour de Rome et de la Papauté étudié, je pourrais dire aussi chanté, dans la personne du comte Edmond Lafond, noble et poétique figure, ami des lettres et des arts, fervent et généreux chrétien ; — la femme forte, et ses hautes vertus au milieu du grand monde, remarquablement dépeintes, en la mère d'un évêque, madame de Dreux-Brézé ; — et la mémoire de sa propre mère, objet d'un admirable et touchant entretien avec les religieuses dépositaires de sa dépouille funèbre. Cette femme, intelligente autant que modeste, âme de sa maison épiscopale, y avait jusqu'à la dernière heure reçu de lui un vrai culte. Au premier anniversaire de sa sépulture, il vient épancher près de sa tombe les regrets qui débordent de son cœur, et raconter sa vie et ses vertus avec l'accent que peut donner à la douleur d'un fils le caractère sacré de l'évêque.

On serait tenté de croire à la vue de ces neufs volumes composés de pièces si multiples, dues à des circonstances si diverses, qu'il y en a bon nombre devant lesquelles on pourra passer précipitamment pour aller aux plus importantes. — Mais non ! Vous vous arrêtez malgré vous à cette bénédiction de cloches qui amène des images et des descriptions de la vie chrétienne dignes de l'auteur du *Génie du Christianisme,* à cette bénédiction d'orgues, à cette inauguration d'un chemin de fer. Si, à l'occasion d'un fléau, il ordonne une quête et des prières, vous admirez ces applications saisissantes des textes sacrés, ces rapprochements magnifiques, ces sauterelles de l'Algérie comparées à celles de l'Apocalypse et au fléau des fausses doctrines. Vous le suivez dans cette salle d'asile où il dit de si belles choses sur l'enfance ; vous êtes étonné d'entendre adresser à de pauvres servantes un langage si élevé et si pur en même temps que si approprié à leur état ; et toutes ces allocutions aux membres des œuvres ouvrières, des congrès catholiques, des conférences de Saint-Vincent de Paul, vous n'en négligez aucune. Un charme infini vous retient avec lui sous les ombrages de Mauroc, lorsqu'après y avoir consacré un sanctuaire, il célèbre, par des paroles empreintes de la plus aimable poésie, les souvenirs religieux et les beautés naturelles de ce site sauvage, les douceurs et l'utilité spirituelle que ce lieu de villégiature offre aux jeunes lévites et aux évêques de Poitiers.

Ainsi apparaît dans la variété de ses discours la merveilleuse souplesse de son talent. Nous n'y avons pas encore étudié la doctrine, les coups portés à l'erreur, l'éclat donné à la vérité. Et pourtant un enseignement s'en dégage toujours, parfois même en forme le fond. C'est le trait dominant de ce génie de porter partout une lumière, tirant de toute occasion l'étincelle du vrai. Percer la nuit des erreurs contemporaines, guérir nos plaies sociales, c'est l'objet constant de son zèle, la direction de son esprit. Il est par dessus tout un docteur, et nous allons nous mettre à son école, en plaçant devant nos yeux la substance de ses leçons immortelles, sans perdre de vue l'ordre logique et historique qui préside à leur développement.

III

La force et la beauté de l'enseignement, le courage et l'intrépidité de la lutte frapperont à la fois nos regards. Les temps l'ont ainsi voulu. Ils ont conquis à l'erreur non seulement quelques philosophes, mais la philosophie officielle, mais l'appui du pouvoir. La négation du Christ s'est produite non seulement dans le domaine des idées, mais dans celui des faits et de la politique. Le docteur de la vérité sera donc aussi son athlète, et dans la lumière de la doctrine on verra briller la flamme du courage.

Le cardinal Pie.   1**

Homme de doctrine et homme de lutte, il sera pourtant éloigné des excès où pouvaient le conduire ces deux côtés de son caractère et de sa situation. Rien dans ses enseignements de froidement spéculatif et d'inaccessible. Rien non plus dans sa polémique de violent et d'agressif.

Il aborde les problèmes les plus ardus de la métaphysique, les rapports les plus délicats de la raison et de la foi, de l'homme et de Dieu. En face de lui, les plus célèbres représentants de l'école officielle se drapent, eux et leurs systèmes, dans l'appareil d'une science orgueilleuse et indépendante. Il les suit, s'installe victorieux sur leur terrain, et les déloge de leurs derniers retranchements. Aura-t-on quelque difficulté à le suivre ? Se sentira-t-on trop profane pour de telles controverses ? Nullement. Sa doctrine est si vivante, l'invisible y prend une forme si nette et de si vives couleurs, y saisit l'esprit avec tant d'empire, y est montré pour ainsi dire si infus dans la vie de chacun et dans la vie sociale, l'âme enfin y est si remuée, qu'il suffit d'attacher quelque prix à la vérité pour être entraîné par cette lecture qui fait fuir les doutes devant une lumière sans cesse grandissante. L'âme inquiète et tourmentée qui ne veut céder qu'à une rigoureuse analyse y trouve l'*ultima ratio* sur laquelle elle n'avait pas su encore appuyer sa foi ; et elle la trouve presque sans effort, tant est grand le charme que les applications saisissantes, les mouvements éloquents, parfois de fines railleries, jettent sur la rigueur inflexible de la discussion philosophique.

Pareillement, au plus fort de la lutte, l'expression ne dépasse point la mesure et reste empreinte de la dignité épiscopale. Rien d'étonnant : il est dans la vérité , et de plus il est dans la défense. Etant dans la vérité, il y trouve une force que la violence et l'emportement ne feraient qu'amoindrir ; elle lui suffit . Mais il la lui faut tout entière ; les demi-vérités lui déplaisent comme peuvent déplaire les vérités totales à ceux qui les veulent altérées et diminuées. Étant dans la défense, et dans la défense des droits les plus sacrés, ceux de la vérité, ceux de Jésus-Christ, ceux de l'Eglise sa mère, contre l'audace et la violence des uns, contre la lâcheté et l'hypocrisie des autres, contre les séductions de ceux-ci et les transactions de ceux-là, il peut faire entendre des accents indignés, arracher le masque et flétrir le crime, dénoncer l'erreur d'autant plus fortement et assidûment qu'elle est plus voilée et plus séduisante ; il n'est pas pour cela violent et immodéré, puisqu'il ne fait précisément que rappeler à la mesure ceux qui en sortent, à la paix ceux qui sèment le trouble.

« On les retrouve, disait-il, partout les mêmes, ces
« prôneurs éloquents de la paix et de l'union. Ils
« commencent par se séparer de la doctrine commune
« de l'Eglise, ils créent un système, ils forment une
« école ; puis, quand ils ont posé leur camp en face du
« camp de la tradition sacrée, volontiers ils font appel
« à l'esprit de paix et d'union pour obtenir ou l'as-
« sentiment ou au moins le silence des maîtres de la
« doctrine. Et il se rencontre toujours des candides qui,
« sans vouloir songer aux manœuvres bruyantes de
« l'agression, se désolent et se scandalisent des reten-
« tissements de la plus nécessaire défense. A cela la
« réponse a été donnée par Hilaire : Pour l'Église et
« pour l'Evangile il n'y a pas d'autre paix et d'autre
« unité que l'unité et la paix de Jésus-Christ (1). »

Il n'avait point peur, ou plutôt, disait-il encore avec Hilaire : « J'ai peur des dangers que court le monde,
« peur de la terrible responsabilité qui pèserait sur
« moi par la connivence, par la complicité de mon
« silence ; j'ai peur enfin du jugement de Dieu, j'en
« ai peur pour mes frères sortis de la voie de la vé-

(1) VI, 560.

« rité, j'en ai peur pour moi dont c'est le devoir de les
« y ramener. »

Frappé des foudres officielles, il adresse à un ministre ces paroles traduites aussi de son grand modèle,
etqu'il avait le droit de s'appliquer : « Par caractère, je
« serais porté autant que personne à rechercher ma tran-
« quillité domestique, à éviter la lutte, à me parer du
« mérite de la tolérance et de la conciliation. Le sa-
« voir-faire ne me manquerait pas absolument pour
« calculer mes paroles et ma conduite de manière à
« conserver des intelligences et à me ménager des bon
« vouloirs dans plusieurs camps sans prévariquer for-
« mellement contre le devoir. Il m'eût été possible...
« d'atteindre certaines dignités brillantes et lucra-
« tives... Je serais ingrat si j'oubliais les avances flat-
« teuses que votre prédécesseur a été chargé de me
« faire par écrit au nom de l'empereur... Pour jouir
« de tous ces biens, il fallait tout simplement calmer
« sa propre conscience en s'alléguant à soi-même les
« obscurités de la question ; excuser par la pureté des
« intentions les vues et les actes déplorables qui se pro-
« duisaient ; enfin donner à son abstention une appa-
« rence de raison et de probité fondée sur la difficulté
« de former l'opinion publique en pareille matière...
« Mais le zèle que la foi a mis dans mon âme n'a pas

« permis cela, et je n'ai pu étouffer sous le calcul d'un
« silence ambitieux la conscience d'une dissimulation
« criminelle envers Dieu et d'une tolérance injurieuse
« à la vérité (1). »

Il osait donc, et sans crainte des puissants, ni de
cette foule d'enfants du mensonge et d'honnêtes pusillanimes qui veulent qu'on parle et qu'on juge avec
les erreurs qui les flattent, *loquimini nobis placentia,
videte nobis errores* (2), il affirmait le vrai comme il
convient, dit Hilaire, aux ministres de la vérité.

On voit comme les luttes doctrinales du saint évêque le guidaient dans les siennes propres. Cette conformité, cette application incessante des paroles du
grand docteur imprimaient une autorité grave et majestueuse aux traits de sa polémique aussi bien qu'aux
homélies tombant de la chaire sacrée. Cette coutume
de traiter les choses nouvelles à la lueur des choses
anciennes, et de ne voir *nil novi sub sole* dans les traverses de la vie publique comme dans les secrètes évolutions de l'erreur, coutume qui procède d'un grand
esprit, donne aussi de la grandeur à l'attitude et au
langage. Il était comme dans la nature du cardinal
Pie de s'inspirer d'Hilaire ; cela était aussi dans sa

(1) IV, 233.   S. Hilar., *Fragm. ex op. hist.*, 1, 2.
(2) Ib., XXX, 10.

situation, dans le caractère général de l'erreur contemporaine qui lui faisait dire : « Nous sommes en plein arianisme (1). » Il emploie donc la parole de son prédécesseur du quatrième siècle et la rajeunit merveilleusement, ainsi que celle des saints Pères ; il emprunte la grande voix de la tradition, la voix de l'Église, la voix du Christ, auquel s'attaque uniformément, pour le détruire ou le diminuer, l'éternel ennemi.

De là la force et la majesté du polémiste et du docteur. De là aussi la remarquable unité de ces enseignements dont l'infinie variété nous apparaissait tout à l'heure. Quel est l'homme qui pourra pendant plus de trente ans livrer à tout propos son sentiment sur les plus hautes questions religieuses et sociales, et se garder à la fois des contradictions et des redites ? L'illustre évêque de Poitiers a réalisé cette merveille. Dans aucune des parties de ce vaste ensemble, ni l'intérêt ne languit, ni une dissonance n'éclate.

La clef de cette admirable harmonie, c'est la communion parfaite avec l'Eglise et par elle avec la vérité divine, c'est l'intelligence et l'usage des saintes Ecritures, la soumission de son sens propre au sens tiré des textes sacrés. • Le texte sacré, dit-il, a été si mer-

(1) I, 479.

« veilleusement combiné et formulé par l'Esprit-
« Saint, qu'il s'adapte, qu'il s'approprie à tous les lieux,
« à tous les temps, aux personnes, aux choses, aux souf-
« frances intérieures des âmes, aux maladies des esprits
« et des sociétés..... Rien de si nouveau n'apparaît
« dans l'humanité, que la sagesse inspirée n'y ait fait
« d'avance la réponse. Soyez donc en paix, et ne crai-
« gnez pas pour l'évêque qui a pris et qui a dû prendre
« au sérieux l'engagement exigé de lui au jour de sa
« consécration. En promettant d'accommoder toutes ses
« pensées aux pensées de l'Ecriture, il n'a point risqué
« de diminuer le trésor de ses ressources intellectuelles.
« L'Esprit-Saint ne sera pris au dépourvu par aucune
« actualité. L'arcane de la divine révélation est plus
« abondamment pourvu que celui de la prudence
« humaine la plus avisée (1). »

Et il le prouvait, mettant le sens de l'Ecriture, le sens
de l'Eglise infaillible dans tous les actes et les discours
de sa vie épiscopale. « C'est à votre Église, ô Seigneur,
« que vous avez confié authentiquement le dépôt de
« la doctrine... Mon propre sens et l'air que je respire
« peuvent me tromper. C'est du côté où se lève votre

____

(1) VII, 471.

« lumière que je veux et que je dois vous chercher et
« vous adorer (1). »

Pour qui veut s'élever au-dessus de l'horizon rétréci
du temps et de l'espace, pour qui cherche un sommet
d'où le plan divin lui apparaisse sans lacunes, sinon
sans voile et sans brume, pour qui veut délivrer son
âme de l'éternel *que sais-je?* et ne peut se résigner à
ne point savoir, il n'y a qu'une doctrine et un fait,
dominant le monde des idées et des choses, c'est le
christianisme. Un seul centre et un seul sommet donne
au regard de l'esprit la plénitude et le repos, c'est le
Christ, c'est l'Homme-Dieu : Lui seul établit l'âme
inquiète du philosophe dans une harmonieuse notion
de l'homme et de Dieu, du créé et de l'incréé; lui seul
donne à l'être humain le secret de sa vocation sur-
humaine, le moyen de l'atteindre, et aux sociétés
humaines la puissance de l'y conduire. Et quand
l'homme se sépare du Christ, divin médiateur, pour
se cantonner dans sa nature infirme et portée au mal,
il se prive de la vision et de la béatitude suprêmes, il
s'expose à expier le mépris du bienfait divin. Et quand
les sociétés s'agitent et se gouvernent en dehors du
Christ, elles manquent leur but principal en détournant

(1) IX, 421.

les âmes de leur fin surnaturelle; elles y éteignent les vues élevées et les saintes énergies, et se placent hors des conditions de l'ordre et de la paix.

Or, il y a en tout temps des philosophes et des politiques, aveuglés ou possédés par l'orgueil de l'esprit ou les passions du cœur, qui conduisent les âmes et les sociétés dans une voie opposée au Christ.

A quelque époque et sous quelque forme que ce soit, le grand péril de l'humanité, privée de sa première grandeur par une chute qui a tout obscurci et perverti en elle, mais appelée par un dessein éternel à la recouvrer dans l'ordre surnaturel chrétien, c'est de repousser ce second bienfait, cette régénération offerte à sa bonne volonté, pour s'enfermer dans sa nature déchue, qui ne lui explique rien et ne la mène à rien, mais dont les aspirations impuissantes attestent seulement qu'elle n'est que la ruine d'un premier édifice ou le support d'une construction nouvelle. L'oubli de ses origines et de sa destinée, l'oubli de sa régénération par les lumières et la grâce divines en Jésus-Christ, l'isolement de la nature dans l'état de déchéance obstinée, enfin le mépris du don de Dieu, tel serait le souverain malheur pour l'humanité. C'est le naturalisme antichrétien, système funeste à cette nature même qu'il exalte ; car loin de la protéger contre des mutilations, il l'isole, déjà mutilée, du complément divin de la révélation et de la grâce. Il la perd en la flattant. Et ce malheur, l'Eglise enseignante et militante a toujours eu la mission d'en préserver le monde.

Tout ce qui va contre le Christ, le supprimant ou le diminuant, va dans le sens de ce naturalisme, et coupe les ailes à notre âme, la laissant à sa propre faiblesse. Le règne du Christ dans les âmes et dans les nations n'est pas combattu sans que la nature déchue prenne dans la même mesure une indépendance funeste.

Naturalisme ou antichristianisme, deux noms sous lesquels l'illustre cardinal, champion de l'ordre surnaturel et du Christ, poursuivra de sa puissante doctrine l'éternel ennemi du genre humain.

Dans un admirable commentaire de cette parole de saint Jean : *Il y a déjà beaucoup d'antechrists*, il parcourt différentes formes contemporaines de l'antichristianisme, et cette homélie, placée par sa date vers le milieu de son épiscopat, est un canevas, une synthèse des luttes doctrinales de cet épiscopat tout entier.

Et d'abord il dénonce l'antichristianisme le plus radical, celui qui nie le Père, c'est-à-dire la divinité à sa source, à son principe ; « la négation de l'être divin, « de la substance divine, de la personnalité divine, et

« l'introduction de je ne sais quelle théodicée sophis-
« tique qui, tout en maintenant la dénomination de
« Dieu, en supprime la réalité, et lui substitue des
« abstractions et des rêves qui flottent entre l'athéisme
« et le panthéisme ou qui n'ont aucun sens ».

Puis l'antichristianisme qui nie la divinité dans le Fils, dans Jésus-Christ...

« Antechrist aussi, celui qui nie le miracle, celui
« qui enseigne que le miracle n'a pas sa place possible
« dans la trame des choses humaines...

« Antechrist, celui qui nie la révélation divine des
« Ecritures.

« Antechrist, celui qui nie la divine institution et
« la divine mission de l'Eglise...

« Antechrist, celui qui nie la suprême et indéfectible
« autorité de Pierre....

« Antechrist, celui qui nie ou qui déprime le sacer-
« doce chrétien...

« Antechrist, celui qui nie la supériorité des temps
« et des pays chrétiens sur les temps et les pays infi-
« dèles ou idolâtres,... ou qui dit que le sceptre du
« Christ, doux et bienfaisant aux âmes, peut-être
« même aux familles, est mauvais et inacceptable pour
« les cités et les empires (1)... »

(1) IV, 583 et suiv.

Et pour réduire tout cela à deux termes précis, nous dirons : le naturalisme antichrétien s'exerce dans deux sphères, sur deux champs de bataille distincts : d'une part, dans l'ordre philosophique et individuel de la raison et de la foi ; d'autre part, dans l'ordre social et politique, en s'attaquant à l'Eglise, société supérieure à toutes les autres.

C'est là ce que l'évêque de Poitiers a combattu ; et c'est ce que nous verrons de plus près.

CHAPITRE II

APOLOGÉTIQUE CHRÉTIENNE.

I

Le nouvel évêque prit possession de son diocèse dans des circonstances dont il importe de noter le caractère.

La philosophie incroyante, les sophismes de la raison séparée, ce qu'on peut nommer après saint Hilaire « les inepties humaines », ont séduit « ce trop grand « nombre d'intelligences flottantes et incertaines qui « tournent à tout vent de doctrine », et l'on s'est endormi dans les jouissances matérielles, n'ayant pour la foi et les vertus chrétiennes que l'indifférence, le mépris et l'insulte.

Puis, derrière le sophisme est venue la spoliation. Une révolution politique et sociale a produit le désordre, la misère, l'insécurité matérielles. L'éloquence des faits, le cri des intérêts menacés, ont rendu les amis de l'ordre plus respectueux de la religion, plus recon-

naissants de son influence moralisatrice. « Le père veut
« moraliser son fils, le riche veut moraliser le pauvre,
« l'honnête homme veut moraliser le coupable; mais
« chacun veut moraliser autrui au nom d'une doctrine
« à laquelle il ne croit pas, d'une religion à laquelle il
« ne se conforme pas. » On veut l'Évangile pour tous
ceux dont on redoute les écarts, pour les couches
inférieures de la société qui se chargent de traduire en
ruines matérielles les ruines intellectuelles et morales;
on n'en veut pas pour soi. On en fait « la sauvegarde
« de ses jouissances contre les passions des autres, l'auxi-
« liaire de l'égoïsme et de l'oisiveté, non la règle de sa
« vie »; « la croix, bannie du cœur, est replantée à la
« limite du champ pour être une borne plus respectée
« du vulgaire ». Et cet apostolat, stérile et impuissant
faute de conviction et d'exemple, apostolat intéressé,
irrecevable de Dieu et des hommes, semble même
devoir s'évanouir au premier retour de prospérité
matérielle.

Cet état des esprits et des cœurs par rapport à la religion inspire au jeune évêque ses premières instructions pastorales. Il prêche *le retour à Dieu*, la conversion de soi-même, sincère, pratique et entière,
comme condition de la conversion du peuple aux principes chrétiens qui seuls le sauveront. Il trace de ma-

gnifiques pages sur les illusions de ces singuliers apôtres, qui veulent que Jésus-Christ soit le Dieu des
repris de justice, mais non leur propre Dieu. Il peint
l'homme de ce siècle, allant à Dieu avec crainte et
obliquement, tiré qu'il est en deux sens opposés par
l'incrédulité de son père et la foi de sa mère, par l'éducation de son enfance et celle de son adolescence, par
les enseignements de l'Église et ceux de la philosophie,
par l'absolue neutralité de la puissance publique, tantôt chrétienne et catholique, tantôt déiste ou athée. Et
devant cette marche oblique de la société qui ne laisse
venir à elle la lumière et la grâce divines que par je ne
sais quel jour de souffrance, il s'écrie avec Elie : « Jus-
« qu'à quand ressemblerez-vous à l'homme qui boite
« des deux côtés ? Si le Seigneur est Dieu , ne
« suivez que lui ; si Baal est Dieu, ne suivez que
« Baal ! »

Ce mandement, saisissant dans sa vérité et son éloquence, fut suivi de deux années jubilaires qui lui
firent porter des fruits de conversion. Puis, aux incor-
rigibles, que l'ordre matériel ramène aux idoles, il
adresse une autre instruction sur *l'esprit de renonce-
ment et de sacrifice*, bien faite pour troubler dans sa
quiétude le sensualisme qui accommode l'Évangile à
ses goûts et ses répugnances, et qui s'accommoderait

bientôt du régime du mal, si le mal pouvait lui garantir la possession de sa mesquine béatitude.

Mais le sophisme a trop d'empire, et les esprits sont trop faussés, ils ont trop perdu de vue le grand horizon chrétien, ils sont trop égarés dans les sentiers perdus de la nature isolée et dégénérée, pour répondre à ces appels du pasteur. Il faut entrer avec eux dans le réseau de leurs doutes et de leurs négations, aller à la philosophie séparée, à la raison indépendante, reprendre avec elle les chemins par où elle a passé, jusqu'au point de séparation, d'où elle soit forcée de confesser son égarement et de rentrer dans la route lumineuse et sûre du surnaturel, où la foi éclaire la raison, où la grâce soutient la nature. — En 1855, paraît la première *Instruction synodale sur les principales erreurs du temps présent.* — En 1857, paraît la seconde.

Pie IX venait de parler aux évêques en proclamant le dogme de l'Immaculée-Conception. Il leur avait montré un « double mur de séparation entre notre siècle et la « vérité catholique » : d'une part « un droit public trop « souvent hostile aux libertés essentielles de l'Église » ; de l'autre « une philosophie jalouse d'égaler ses titres « à ceux de la religion ». L'évêque de Poitiers suit et développe la parole pontificale. Il flétrit en quelques pages fortes et éloquentes les attentats déjà commis contre l'Église et ses droits temporels, et passe très vite, pour s'y attacher exclusivement, aux prétentions du philosophisme moderne.

Il s'agit de le démasquer dans son plus célèbre représentant, et de montrer qu'avec toutes les évolutions plus ou moins couvertes et habiles par lesquelles il essaye de se faire accepter des chrétiens, il est toujours la négation du christianisme, la vieille erreur antichrétienne.

La philosophie de M. Cousin, devenue officielle depuis longtemps, avait changé plusieurs fois d'erreur sans se fixer dans la vérité. On l'avait vue panthéiste, puis quasi-sceptique sous le nom d'éclectisme, et maintenant, elle marchait dans la voie d'un rationalisme d'autant plus dangereux qu'il prétendait se couvrir des grands noms de saint Augustin et de Bossuet, et vivre en accord avec la religion de l'Évangile, moyennant l'assurance d'une « tendre vénération » pour elle. A travers ses œuvres nouvelles et ses éditions retouchées, à travers son traité *Du Vrai, du Beau et du Bien*, dernier mot de son spiritualisme, à travers mille variations non avouées, on ne pouvait pas lire un acte de foi, ni conserver « à la page suivante les vagues espé-« rances que la précédente page avait pu faire conce-« voir ». Le maître et son école sont demeurés profondément ennemis de tout l'ordre surnaturel et révélé ; et notre évêque peut déclarer hautement « que, malgré « mille précautions de langage, le philosophe d'au- « jourd'hui est bien celui auquel ses devanciers dans « l'épiscopat ont fait une si longue et si énergique guerre ; « celui que le Saint-Siège a condamné ; celui qui a « donné le branle principal au panthéisme, au natu- « ralisme, à l'éclectisme, dont nos écoles ont été si « tristement infectées ; celui qui a outragé l'Être sou- « verain en confondant son essence avec les êtres que « sa libre volonté a tirés du néant ; celui qui n'a ja- « mais accordé à Notre-Seigneur Jésus-Christ qu'un « respect dérisoire ; celui qui a élevé la raison hu- « maine de chaque individu à la dignité de *Verbe* « *fait chair* ; celui qui n'a épargé sur son chemin au- « cune des vérités du dogme chrétien ».

Quels sont, en effet, les principes essentiels et consti- tutifs du christianisme? « L'élévation primitive de « l'homme à une destinée surnaturelle, sa chute, et « par suite le vice de notre origine ; la nécessité d'une « réparation et d'une réhabilitation ; l'incarnation du « Fils de Dieu, et la rédemption par sa mort; la « croyance à tout un ensemble de moyens divinement « institués pour communiquer aux âmes les fruits de « la doctrine et les mérites du sang de Jésus-Christ ;

« l'existence d'une société gardienne et dépositaire de
« ces trésors ; la nécessité d'appartenir à cette société
« pour être sauvé. »

Et quelle est la pensée de M. Cousin sur la révélation divine et l'Incarnation, mystère central de toute
l'économie religieuse ? Il la nie et la remplace par la
médiation de la pure raison.

Apprenons-le de l'évêque lui-même, et plaçons ici
une page de la seconde instruction synodale, qui reprend les démonstrations de la première, et la venge
des attaques dirigées contre elle, en mettant le philosophe de 1855 en face de ses écrits anciens et nouveaux.

« Le principal créateur du rationalisme français
« venait de réimprimer plusieurs de ses anciennes le-
« çons. Le célèbre écrivain se glorifiait de n'avoir
« point varié « dans ses pensées, ses sentiments, son
« langage public et privé, et d'être demeuré fidèle à la
« doctrine développée dans tous ses cours et dans tous
« ses ouvrages ». Or, dans le plus important de ces
« ouvrages, le philosophe avait écrit : *La raison est le*
« *médiateur nécessaire entre Dieu et l'homme, ce* Λογος
« *de Pythagore et de Platon, ce Verbe fait chair qui*
« *sert d'interprète à Dieu et de précepteur à l'homme,*
« *homme à la fois et Dieu tout ensemble. La raison,*

« avait-il dit plus crûment encore, c'est la manifesta-
« tion de Dieu en esprit et en vérité, c'est le Dieu du
« genre humain. Enfin, dans plusieurs écrits, il avait
« posé les principes les plus incompatibles avec la foi
« chrétienne.

« Nos plus vénérables évêques s'étaient empressés
« de flétrir cette transformation philosophique et ce
« monstrueux travestissement des dogmes les plus
« élevés du christianisme ; Rome, de son côté, n'avait
« pas tardé à mettre ce philosophe à l'*index*. Les écrits
« nouvellement publiés ou réimprimés du même au-
« teur, qui affirme si souvent l'invariabilité de ses
« principes, et qui renvoie perpétuellement à ses pu-
« blications précédentes, émettaient les mêmes pensées
« à peu près dans les mêmes termes. Une partie de la
« leçon la plus répréhensible du livre qui avait été
« nommément condamné était rentrée textuellement
« dans le livre *Du Vrai, du Beau et du Bien*. S'atta-
« quant de nouveau à un mysticisme qu'il ne définit
« jamais, et dont la notion générale, telle qu'elle ré-
« sulte de l'ensemble de ses livres, s'étend aux données
« les plus élémentaires de la révélation chrétienne, l'é-
« crivain avait dit à la suite de longues et laborieuses
« périodes : *Le seul moyen qui nous soit donné de
« nous élever jusqu'à l'Être des êtres sans éprouver*

2*

« *d'éblouissement ni de vertige, c'est de nous consa-*
« *crer à l'étude et à l'amour de la vérité, à la con-*
« *templation et à la reproduction du beau, surtout à*
« *la pratique du bien.* Nous l'avouons avec candeur :
« quand il est question du *divin intermédiaire des-*
« *tiné à rapprocher l'homme de l'Être des êtres,* tout
« comme quand il est question du médiateur néces-
« saire entre Dieu et l'homme, du Verbe fait chair,
« homme à la fois et Dieu tout ensemble, nous ne nous
« résignons point à nous entendre dire que le nom de
« Jésus-Christ n'a aucun droit à être prononcé là, et
« qu'il s'agit purement de l'intermédiaire rationnel à
« l'aide duquel l'homme peut s'élever jusqu'à Dieu
« dans l'ordre naturel (1). »

Qu'on ne s'y trompe pas ; cette école philosophique
a beau admirer, célébrer les merveilles du christianisme, et lui tendre une main amie en lui demandant

(1) III, p. 249. — Nous remarquons que dans une édition
de 1865 M. Cousin remplace « le seul moyen » par « le moyen
le plus sûr », et « nous en rapprocher à l'aide du divin intermédiaire » par « nous en rapprocher dans ia mesure permise ».
C'est plus timide et plus voilé. Mais voir dans l'application
de nos facultés naturelles au vrai, au beau et au bien, le moyen
le plus sûr de s'élever vers Dieu, n'est-ce pas toujours écarter
la révélation, la divinité du Christ, son dogme et sa religion,
en proclamant l'infériorité de la foi et de la grâce par rapport
à la nature ?

une place à ses côtés, elle demeure antichrétienne tant qu'elle soustrait ainsi la raison humaine à l'empire des révélations divines, et qu'elle traite de *rêve ambitieux et désordonné*, sous le nom de *mysticisme*, les conceptions et les aspirations les plus élémentaires du chrétien.

« Vieille tactique depuis longtemps dévoilée » et qu'il est intéressant de suivre avec les premières instructions synodales dans le livre *Du Vrai, du Beau et du Bien*. Ni l'acte de foi du chrétien, ni son acte d'espérance, ni son acte d'amour, ne peut rester debout devant M. Cousin ; tout n'est qu'un mysticisme absurde et chimérique.

L'acte de foi, en effet, accepte la vérité comme révélée par Dieu, non comme enseignée par la raison. La foi, vertu théologale, implique un rapport direct avec Dieu. Or, M. Cousin, supposant le philosophe parvenu à Dieu par le double chemin des sens et de la conscience, déclare que cette marche naturelle doit suffire à une saine philosophie, et appelle *présomptueux* ceux *qui ne savent pas s'arrêter là*, ceux *qui rêvent une communication directe avec Dieu*.

A quoi l'évêque répond : « Cette prétention, tout « ambitieuse qu'elle paraisse, c'est celle de la foi et de « l'espérance chrétiennes. Sans doute, le chrétien, lui

« aussi, conçoit Dieu et croit à son existence sur le
« témoignage de sa propre conscience et sur celui de
« tout l'univers créé ;... .... il n'a pas dit adieu à la
« raison le jour de son baptême, et tous les privilèges
« de sa race lui sont maintenus. Mais ce premier pas
« fait vers Dieu ne suffit pas à la philosophie du chré-
« tien. Après que sa raison lui a fait admettre l'exis-
« tence d'un Dieu invisible, cette même raison, nulle-
« ment présomptueuse en cela, lui enseigne que l'Être
« tout-puissant et tout bon peut se mettre en commu-
« nication directe avec sa créature. Et quand des
« témoignages certains, contrôlés et vérifiés à la
« lumière de la raison la plus exigeante, lui ont
« démontré qu'il en est ainsi,... alors le philosophe
« chrétien ne sait plus s'arrêter à cette connaissance
« imparfaite de Dieu, qui résulte du témoignage de sa
« conscience. Il n'y a point de désespoir ni de fai-
« blesse pour son intelligence à reconnaître que Dieu
« en sait plus sur sa propre nature que l'intelligence
« finie de l'homme n'en peut découvrir. Il entre dans
« le nouveau chemin que Dieu lui ordonne de suivre
« pour arriver à lui. »

Ce dont on l'accuse, il doit s'en glorifier. « Oui, *ce*
« *n'est point assez pour lui de concevoir Dieu sous*
« *le voile transparent de l'univers et au-dessus des*

« *vérités les plus hautes. Il ne croit pas connaître*
« *Dieu*, du moins il ne croit pas le connaître assez pour
« arriver au ciel, *s'il ne le connaît que dans ses mani-*
« *festations* naturelles et *par les signes de son exis-*
« *tence ; il veut l'apercevoir directement*, par les
« lumières de la foi ici-bas, face à face dans la gloire ;
« *il veut s'unir à lui par quelque procédé extraordi-*
« *naire*, oui, par le procédé de la vie surnaturelle, de
« la grâce sanctifiante, de la communion eucharis-
« tique ; sans cela, il ne serait pas chrétien, il n'aurait
« pas la foi et l'espérance chrétiennes, il ne vivrait pas
« de la vie de Jésus-Christ. »

Sans doute, l'Eglise a condamné dans le quiétisme les
excès d'un mysticisme intempérant. Mais c'est l'acte
même de charité chrétienne que le philosophe accuse.
Car il a dit : « *L'erreur fondamentale du mysticisme*
« *est qu'il fait de l'être infini l'objet direct de l'amour;*
« *et un tel amour ne se peut soutenir que par des*
« *efforts surhumains qui aboutissent à la folie.* » Or
la charité chrétienne n'est une vertu théologale que
parce qu'elle fait de Dieu *l'objet direct de l'amour.*

Le voilà donc tombé à terre, ce manteau de respect
dont s'affuble l'école rationaliste pour séduire les
esprits inattentifs.

Elle pose la raison et la foi comme deux routes parallèles, dont la première, aussi bien que la seconde, et sans elle, peut aboutir au terme final de la destinée humaine. Entre la philosophie et la religion, elle ne voit qu'une différence *d'auditoire, de formes et de langage*, leur attribuant la possession des mêmes vérités. Elle proclame l'indépendance, l'émancipation de la raison humaine vis-à-vis de son Créateur, traitant de rêve et de folie la foi, l'espérance et l'amour selon le christianisme. Il est vrai, cette religion chrétienne, dont toute l'économie est ainsi détruite, on ne la nomme que pour la proclamer « *la plus parfaite,* « *la plus sainte de toutes les religions ;* mais on n'a « garde de la proclamer la seule vraie ; on se glorifie « au contraire d'être *en communion avec toutes* « *les grandes philosophies et avec les reli-* « *gions qui couvrent la terre ,* comme si une « religion qui condamne les sectes dissidentes et se « déclare divine n'était pas réputée fausse par des « comparaisons de ce genre ». Hommages dérisoires qui tournent en outrages, comme ceux qu'on décerne *au sublime et doux crucifié* sans confesser sa divinité, et à *la folie de la croix* sans y voir autre chose que la partie divine de la raison, que le grain de folie donné à tout homme supérieur, que le démon de Socrate, que le diable au corps de Voltaire ! Stratégie renouvelée de l'arianisme, à la faveur de laquelle, disait saint Hilaire, « Jésus-Christ semble annoncé alors même qu'il est « nié », et qui inspire à notre évêque ce mouvement éloquent : « Non, le Christ de ces philosophes n'est « pas le Seigneur Jésus-Christ que j'adore ; c'est un « Christ psychologique, conçu de l'esprit humain, né « de son intelligence. Celui que ma foi me révèle est « conçu du Saint-Esprit, né de la bienheureuse Vierge « Marie. Leur Christ est venu d'en bas, jailli des « entrailles de l'humanité ; mon Jésus est descendu « d'en haut, il est sorti du sein du Père éternel. Leur « Christ n'est que consubstantiel à l'homme ; le mien « est consubstantiel à Dieu. C'est leur propre raison « qu'ils adorent en adorant le Verbe abstrait qu'ils ont « fait ; et moi, j'humilie ma raison devant celle de « Dieu en adorant le Verbe incarné qui m'est prêché. « Que parlez-vous de rapprochement et d'entente quand « nous sommes toujours séparés par un abîme (1) ? »

C'est ainsi qu'il répondait à ces philosophes, qui, niant le surnaturel, base de tout l'ordre chrétien, prétendaient attendre que le christianisme vînt à eux. Il pensait qu'à détourner les yeux d'un pareil abîme, on

(1) II, p. 360 à 371.

ne gagnerait pas d'en arracher ceux qui l'ont creusé, mais seulement d'y laisser tomber ceux qui ne le voient pas. On lui a reproché de n'avoir pas employé le silence pour le combler. Certes, la conversion du chef fameux de cette école rationaliste était parmi ses vœux les plus chers. Mais qu'attendre de lui, tant que sa raison et sa philosophie demeuraient fermées à l'idée du surnaturel ? Le silence de l'Église et de ses ministres n'eût pu que l'endormir dans la contemplation de sa prétendue sagesse, dans ce rêve de transaction et bien plutôt d'abdication proposée au christianisme. A sa suite, une foule d'hommes se seraient égarés dans les conceptions de leur raison déifiée, et dans l'oubli de la vie surnaturelle, qui ont vu se dissiper, sous la parole épiscopale, la nuit prête à les envahir. Quand Jésus-Christ est en cause, quand il est ébranlé dans les esprits, c'est le sort éternel des âmes qui périclite, et se taire serait les perdre. Ainsi pensait le successeur d'Hilaire, répétant avec lui : « J'ai peur des dangers « que court le monde, du crime de complicité qui « résulterait de mon silence, du compte qu'il me faudra « rendre à Dieu. »

On ne croira donc pas à ces faux respects qui dissimulent l'absolue négation, à ces prétendues avances qui ne sont qu'isolement et séparation. Vous appelez à vous le christianisme, sachez qu'il n'y a rien en vous de chrétien, et que le christianisme ne change pas pour se rapprocher d'une école.

Mais, dit le philosophe, je n'ai pas à apprécier les dogmes chrétiens. Je ne suis ni prêtre ni théologien ; je suis un laïque, enseignant la philosophie dans un siècle de liberté, sous des institutions libres, au nom d'un Etat qui a pour maxime la neutralité entre les divers cultes. Les choses de l'ordre surnaturel et révélé sont de votre domaine et ne sont pas du mien ; vous comptez avec elle, c'est métier de théologien ; je n'en tiens pas compte, c'est métier de philosophe ; et nos deux rôles ainsi compris ne sont pas contradictoires, mais parallèles. Je salue vos dogmes et les admire sans les discuter, sans dire si je les admets ; rendez à ma philosophie le salut qu'elle vous envoie ; répondez à ses paroles de paix autrement que par la guerre. Chacun chez-soi : au philosophe, le canton borné de la nature ; au théologien, celui du surnaturel.

Telle est bien la fin de non-recevoir que l'évêque trouve en face de lui, et qui couperait court au débat s'il n'en faisait justice. Elle est admirablement réfutée dans la seconde instruction synodale. Là sont fermées toutes les issues dérobées par lesquelles l'écrivain d'orthodoxie douteuse croit pouvoir échapper à la critique, déclinatoires de nouvelle invention, mots mal définis sous l'enveloppe trompeuse desquels toute une génération accepte comme des axiomes certains les choses les plus dépourvues de sens et de vérité. Ainsi : « Nous « sommes laïques, et l'Etat, le législateur, la morale, « l'enseignement sont laïques. » Ainsi encore : « Nous « sommes philosophes, et cette qualité nous tient quit- « tes envers l'ordre surnaturel et révélé. »

Ah ! sans doute, si le philosophe, croyant à deux ordres de vérités, déclare les unes accessibles à la raison, les autres à la foi, et se borne à l'étude des premières sans contredire les secondes, le théologien sera satisfait. Si la philosophie salue dans la religion une réalité surnaturelle, non une conception respectable de l'esprit humain, la religion sera sauve, et il sera permis à la philosophie et aux philosophes de rester dans le cercle étroit qu'éclaire la raison, d'étudier les vérités et les devoirs qui peuvent jaillir de l'entendement humain et de la conscience, abstraction faite de toute loi positive et révélée. N'est-ce pas ce que fait tout philosophe chrétien ? N'est-ce pas ce que font les théologiens dans les préliminaires philosophiques de leur science ? Car, si le philosophe peut s'arrêter au seuil de la théologie, le théologien ne peut se dispenser d'être d'abord philosophe. Les deux sciences ne se confondent pas, mais elles sont d'accord.

En est-il de même si le philosophe restreint non seulement son étude, mais sa croyance ; s'il salue la foi sans y adhérer ; s'il se cantonne dans sa science, sans même signaler ce par quoi elle confine à l'autre, à savoir l'existence ou au moins la possibilité d'une révélation divine et d'un ordre surnaturel rapprochant l'homme de Dieu ; s'il prétend égaler sa science humaine et faillible à ces communications divines, et trouver en dehors d'elles le dernier mot de la destinée humaine ; s'il va même jusqu'à les traiter de rêve ambitieux et désespéré, elles qui sont l'essence du christianisme ? Non, cela ne s'appelle plus délimiter deux sciences pour n'étudier que l'une d'elles, mais bien les mettre en conflit, en déclarant les forces naturelles de l'homme suffisantes pour le conduire à sa destinée, ce qui revient à nier toute destinée surnaturelle.

Quelle page fortement écrite que celle qui présente et précise les revendications de la philosophie officielle, ses déclarations d'indépendance et de souveraineté, ses protestations contre le rôle subalterne que la scolastique entendait lui faire, sa prétention d'offrir à l'égal du christianisme et par elle-même à ses disciples une lumière suffisante et complète sur toutes les grandes questions doctrinales et pratiques qui intéressent l'homme et l'humanité! On est frappé de la vigueur et de l'éclat que prend l'objection sous la plume de ce polémiste ; on reconnaît sous une forme saisissante tout ce contingent d'idées fausses et de lieux communs, qui depuis tant d'années imprègnent l'atmosphère intellectuelle des jeunes générations. — Mais avec quelle lucidité et quelle puissance se déroule la réfutation ! et comme elle va perdre sa fierté, cette philosophie qui repousse le complément de la révélation, lorsqu'il sera démontré avec évidence, au moyen des lumières de la raison, qu'elle est précisément antirationnelle, antiphilosophique.

« Vous voulez que votre philosophie ne relève que
« de la raison, et plût à Dieu qu'elle en relevât tou-
« jours !... Si le premier usage que la raison fait
« d'elle-même a pour résultat de l'éclairer sur sa pro-
« pre faiblesse, si le plus noble et le plus légitime
« triomphe de la raison est de remettre l'homme entre
« les bras de la foi, appellera-t-on rationnelle une phi-
« losophie qui refusera obstinément de prêter l'oreille
« aux conclusions les plus impérieuses de la raison ? »

Or, la raison pose avec évidence que Dieu *sait* plus et mieux que nous, et qu'il *peut* nous révéler et nous certifier ce qui manque à notre science. « Ce que le

« Dieu créateur ne doit pas à l'homme, ce que l'homme
« n'est pas même susceptible de recevoir de lui, ni
« comme portion intégrante de sa nature, ni comme
« appendice naturel de ses facultés, Dieu peut le lui
« départir à titre d'ajouté surnaturel ;.... acte pur de
« sa bonté et de sa miséricorde, ou plutôt, comme
« parlent les saints Livres, transport et excès de son
« amour, trop-plein de sa propre nature qui déborde
« dans la nôtre, et qui, par un accident divin et per-
« manent, fait ainsi entrer notre nature en participa-
« tion de la sienne. »

« Tel est l'ordre surnaturel, l'ordre de la révélation
« et de la grâce, dont le mystère du Fils de Dieu fait
« homme est le principe et le fondement, le centre et
« le nœud, et dont la vision béatifique du ciel est pour
« nous le terme et le résultat final. Jamais la raison
« humaine ne pourra établir l'impossibilité, encore
« moins la non-existence de cet ordre.... »

Dès lors « l'homme fera-t-il acte de raison et de
« saine philosophie en disant à Dieu : « Votre parole
« révélée, votre loi positive, ne me regardent pas ; je
« cesserais d'être philosophe si je vous écoutais, si je
« vous obéissais. Adressez-vous tout au plus à mon
« cœur, à mon sentiment, à mon imagination, à ma
« spontanéité irréfléchie, dont je veux bien ne pas vous

« disputer tout à fait l'empire ; mais à ma raison, à
« mon intelligence, à ma volonté éclairée, jamais !
« Ma raison est une puissance qui ne relève que d'elle-
« même, et qui ne peut accepter d'aucune puissance
« supérieure, ni lumière, ni commandement quelcon-
« que. »

« Quand la philosophie parle ainsi, elle pose en
« axiome ce qui est en question... Mais il serait par
« trop inconséquent à la philosophie moderne, qui
« s'arroge le droit de citer au tribunal du libre examen
« les affirmations divines, de vouloir nous faire
« accepter sans examen et sans contrôle ses affirma-
« tions les plus arbitraires. *Quod gratis asseritur,*
« *gratis negatur......* »

« S'il est philosophique d'aller à l'école et d'obéir
« aux ordres d'un homme, comment établir qu'il
« n'est pas philosophique d'aller à l'école et d'obéir
« aux ordres d'un Dieu ?.... »

« Oui, sans doute, la philosophie doit se contenter
« modestement de la dose de science et de vérité qui est
« à sa portée, mais à la condition qu'elle considérera
« comme étant à la portée de l'homme toute science
« et toute sagesse qu'il plaira à Dieu de lui rendre acces-
« sibles, à un titre ou à un autre..... Eh ! quoi, vous
« ne voulez pas que la raison soit limitée par la foi,

« et vous limitez la raison par elle-même ! La foi, tout
« en maintenant les limites et les frontières naturelles
« de la raison, lui confère le privilège de les franchir
« et de s'exercer dans la seconde sphère où elle l'intro-
« duit.... Il n'est aucune philosophie acceptable qui
« ne proclame l'autorité et la nécessité du témoi-
« gnage extérieur, de la tradition naturelle et de l'édu-
« cation ; et lors même qu'elle fait tout jaillir du *moi*,
« assurément elle reconnaît ce *moi* comme éclairé
« d'une lumière communiquée. Si donc le témoignage
« divin, si la tradition révélée et la tradition surnatu-
« relle, si une communication nouvelle et supérieure
« de la lumière d'en haut apportent à l'homme des
« vérités et des certitudes que ni l'évidence intime, ni
« le témoignage de la nature et de l'humanité ne lui
« présentaient, il ne saurait être philosophique à
« l'homme de rejeter ces vérités sous prétexte que la
« source d'où elles procèdent n'est pas humaine, mais
« divine.

Un autre axiome familier à la philosophie, c'est
qu'elle doit tenir compte des faits et de l'histoire réelle
de l'humanité, sous peine « de n'avoir rien de positif,
et de séjourner éternellement dans la région nuageuse
des hypothèses, très voisine de celle des chimères.
Or, cela étant, comment peut-il être philosophique

« d'interdire à la raison du philosophe d'aborder
« ces grandes questions historiques qui touchent
« à tous les points culminants des affaires hu-
« maines : L'homme a-t-il été laissé, a-t-il même
« été créé dans l'état de pure nature ? Dieu a-t-il fondé
« ici-bas une société surnaturelle ? Quand le Très-
« Haut a parlé par des envoyés, quand il est venu en
« personne, a-t-il prouvé par des signes décisifs la
« divinité de sa parole, la divinité de sa personne ?
« Dans cette société surnaturelle qu'il a fondée au
« sein de l'humanité, a-t-il laissé des marques ma-
« nifestes de son assistance continue ? .... *Nosce*
« *teipsum* est la devise du philosophe ; or, quoi de
« plus intime et de plus personnel pour l'humanité
« que de savoir si son état actuel et réel est ou n'est
« pas l'état de raison pure et de pure nature ? si en la
« personne d'un Dieu, notre nature humaine a été
« hypostatiquement unie à la nature divine ? et dans
« ce cas, quelles conséquences ont découlé de là pour
« toute l'espèce humaine ? quels devoirs, quels privi-
« lèges, quelles espérances d'avenir cette alliance divine
« et cette parenté incomparable ont dû apporter à toute
« notre race ?.....Eh bien ! non ; le philosophe fera un
« tour agile sur lui-même, et il en sera quitte pour vous
« dire : Nous sommes philosophe, nous ne sommes

« pas théologien. Et la philosophie persistera opiniâ-
« trément à ne pas même aborder comme une hypo-
« thèse ce que la voix du genre humain tout entier et
« de tous les siècles lui présente, non seulement
« comme une possibilité, mais comme un fait certain :
« je veux dire la révélation surnaturelle ; et cette même
« philosophie se retranchera éternellement dans ce qui
« n'est point, dans ce qui n'a historiquement jamais
« été un fait réel, mais dans ce qui est simplement
« une hypothèse et une possibilité, je veux dire l'état
« de raison pure et de pure nature. Peut-elle s'anéan-
« tir plus radicalement elle-même, à moins qu'elle ne
« prétende qu'il est de son essence de demeurer dans
« les hypothèses et de n'avoir rien de commun avec
« les choses positives !.... C'est donc du côté de ces
« prétendus philosophes que se trouve la négation de
« la raison (1). »

Nous avouons n'avoir pu nous résigner à rendre plus courte la série de ces fragments, dont chacun projette une si vive lumière sur les fondements rationnels de la foi ; et combien plus entraînante et plus persuasive est la lecture des pages d'où ils sont tirés !

(1) III, p. 151 à 162.

2**

II

Le naturalisme de M. Cousin soustrait l'homme à l'ordre surnaturel tout entier, non seulement aux croyances, mais encore aux devoirs et aux pratiques dont il se compose. L'homme relèvera de sa seule conscience pour la morale et la vertu, somme il relève de sa seule raison pour la connaissance de la vérité. Ni croire ni obéir; ni foi ni loi surnaturelle : telle est l'indivisible synthèse de l'école. C'est particulièrement sur le chapitre de la morale, des vertus et des devoirs, que s'est exercé le talent d'un de ses disciples les plus éminents, écrivain charmant et puissant orateur, dont la parole a retenti pour la défense d'une liberté chère à l'Église, mais dont ni la parole ni la plume n'a jamais, hélas ! traité la religion chrétienne que comme une erreur de l'esprit humain, respectable entre mille autres. Le livre du *Devoir* et celui de la *Religion naturelle* venaient s'offrir d'eux-mêmes aux coups dirigés contre l'erreur du naturalisme.

Le premier de ces deux ouvrages avait déjà donné occasion à notre grand évêque de montrer sa sollicitude pour la pureté de la doctrine, et en même temps, aux représentants les plus distingués de la littérature officielle et de la presse, de trahir leur profond oubli des droits de la vérité, leur ignorance de la doctrine catholique. L'Académie française avait couronné ce « volume dangereux » en compagnie d'un traité de philosophie chrétienne (1), et sur un rapport de M. Villemain qui, « confondant toutes les notions religieuses, « donnait à l'éclectisme, à l'indifférentisme, un ap-« point nouveau ». Ce fait, rapproché de plusieurs autres semblables, avait paru à l'évêque de Poitiers d'une gravité singulière, et éveillé encore plus son attention sur ce livre, où il voyait le « devoir conduisant « au bonheur après cette vie sans Jésus-Christ, sans « l'Évangile, sans la foi, sans l'Église, sans la rédemp-« tion, sans la grâce, sans les sacrements ; où la reli-« gion, les cultes, peu importe le choix, sont pour la « foule qui ne sait pas aimer et penser, la philosophie « suffisant aux âmes d'élite » ; et il avait signalé comme « indigne de figurer à côté d'une théodicée orthodoxe « cette morale naturaliste, qui n'aboutit qu'à des ver-« tus dont Bossuet a dit que *l'enfer est rempli* ».

Cette dernière parole, relevée et dénaturée, avait excité de vives récriminations. Un organe considérable de la presse s'attrista d'entendre appeler les vertus na-

____

(1) *La Connaissance de Dieu* du Père Gratry.

turelles de fausses vertus dont l'enfer est plein; il importait peu, d'après lui, que l'homme fît le bien au nom de sa raison ou au nom de sa foi, et atteignît par la route de la philosophie le but moral que la religion lui propose; parlant au nom des incrédules honnêtes qui croient trouver dans un juste milieu philosophique et paisible le repos de leur conscience et la règle de leur vie, dans la raison humaine une lumière assez éclatante, une discipline assez forte, prêts d'ailleurs à se laisser convaincre, il réclamait une argumentation vigoureuse contre la raison, pour lui prouver par des raisons péremptoires qu'elle ne peut rien sans la foi, que le dogme est indispensable, que sans lui la morale n'est rien.

Il lui fut répondu.

Au fond de ce langage, il y avait d'abord un malentendu. Nul n'avait dit que la raison ne peut rien sans la foi, que les vertus naturelles sont de fausses vertus. Ce sont là des erreurs condamnées par les papes; la raison humaine a sa puissance propre et ses attributions essentielles, dont la négation ferait crouler l'acte de foi lui-même; la vertu naturelle et philosophique « possède une bonté morale et intrinsèque, que Dieu ne « dédaigne pas de rémunérer, dans les individus et dans « les peuples, par certaines récompenses naturelles et

« temporelles, quelquefois même par des faveurs plus
« hautes ».

Mais ce qu'on affirmait aussi, c'est « que les lu-
« mières et les vertus naturelles ne peuvent conduire
« l'homme à sa fin dernière, qui est la gloire céleste ;
« que le dogme est indispensable, que l'ordre surna-
« turel dans lequel l'auteur même de notre nature nous
« a constitués par un acte formel de sa volonté et de
« son amour est obligatoire et inévitable ; que Jésus-
« Christ n'est pas facultatif, et qu'en dehors de sa loi
« révélée, il n'existe pas et n'existera jamais de juste
« milieu philosophique et paisible où qui que ce soit,
« âme d'élite ou âme vulgaire, puisse trouver le repos
« de sa conscience et la règle de sa vie ; qu'il n'im-
« porte pas seulement que l'homme fasse le bien, mais
« qu'il le fasse au nom de la foi, par un mouvement
« surnaturel, sans quoi ses actes n'atteindront pas le
« but final que Dieu lui a marqué, c'est-à-dire le bon-
« heur éternel des cieux ».

Ici encore, avec quelle remarquable netteté est re-
produite l'objection de l'homme du monde, qui fait
profession de spiritualisme, et déclare vouloir vivre de
la vie de l'esprit, observer les lois du devoir, mais qui
entend décliner cette vie supérieure et surnaturelle, cet
ordre surhumain fondé sur l'incarnation d'une per-

sonne divine, cette promesse de gloire infinie et de vision béatifique, subordonnée à des obligations, à des vertus surhumaines ! « Je n'ai ni cette prétention ni ce
« courage. J'estime grandement ma nature telle que
« Dieu l'a faite, et je la trouve suffisante. Je rougirais
« de m'abaisser au-dessous, mais je n'ambitionne pas
« de m'élever au-dessus. Ni si haut, ni si bas : je ne
« veux faire ni la bête ni l'ange ; je veux rester homme.
« Il est de l'essence de tout privilège de pouvoir être
« refusé. Je vivrai donc selon les règles de la raison et
« de la religion naturelle, et Dieu ne me refusera pas,
« après une vie honnête, vertueuse, le seul bonheur
« éternel auquel j'aspire, la récompense naturelle des
« vertus naturelles. »

Mais qu'est-ce qu'un pareil langage, sinon une révolte contre le souverain domaine de Dieu, qui a fait acte d'autorité en même temps que d'amour en nous assignant une vocation surnaturelle, en mettant dans son œuvre un ordre de grâce et de gloire dans lequel nous devons entrer, sous peine des châtiments les plus justes et les plus sévères ? Noblesse oblige. « Le même
« Dieu qui, dans l'ordre de la nature, par une suite de
« transformations physiques, fait passer incessamment
« les êtres inférieurs d'un règne plus infime à un règne
« plus élevé, avait voulu, par une transformation sur-

« naturelle, vous faire monter jusqu'à l'assimilation
« de votre être créé à sa nature infinie. Substance in-
« grate, vous vous êtes refusé à cette affinité glorieuse,
« vous serez relégué parmi les rebuts et les déjections
« du monde de la gloire. Portion résistante du métal
« placé dans le creuset, vous ne vous êtes pas laissé
« convertir en l'or pur des élus, vous serez jeté parmi
« les scories et les résidus impurs.... Vous serez puni
« en esclave, n'ayant pas voulu être traité en fils. »
N'est-ce pas en effet un outrage à Notre-Seigneur
Jésus-Christ? N'est-ce pas le mépris de son grand œuvre?
Jésus-Christ ne serait « ni un révélateur divin qu'on
« est tenu de croire, ni un législateur sérieux auquel
« on est tenu d'obéir, ni un rédempteur nécessaire sans
« lequel il n'y a pas de régénération et de salut ».
L'Évangile deviendrait « une théorie dont on peut
« faire impunément abstraction », la Croix « l'en-
« seigne d'une école à laquelle on peut s'affilier ou se
« soustraire à son gré ». Or, Jésus-Christ a dit : « Celui
« qui croira et qui sera baptisé sera sauvé ; celui qui
« ne croira pas sera damné » ; et si le Christ est vrai,
tout genou doit fléchir devant lui : tout doit être soumis à son empire.

Dur langage peut-être pour cette science mondaine
à qui il semble « que la conscience peut s'endormir

« paisiblement sur l'oreiller commode d'un natura-
« lisme honnête et religieux », mais langage de la vérité, langage de saint Augustin, « le plus philosophe
« des théologiens » au gré de l'école actuelle. Ou le
Christ ou le feu ; le sarment adhérera à la vigne qui est
Jésus, ou il sera brûlé (1)!

Il n'y a point à s'étonner d'un tel ordre de choses,
du moment qu'on tient compte des deux faits positifs
qui dominent l'histoire de l'humanité, l'altération de
notre nature par la faute originelle, et sa régénération
par le Fils de Dieu fait homme. Bien plutôt doit-on
s'étonner de voir une philosophie refuser tout examen
à ces faits, et se croire au-dessus de toute discussion,
quand elle n'a d'autre base qu'une simple hypothèse,
l'homme créé et laissé dans l'état de pure nature.

Aussi était-ce bien à propos et providentiellement
que Pie IX venait d'affirmer à la face du monde ces
deux faits constitutifs de l'ordre surnaturel, et victorieux de tout naturalisme, la chute et la régénération,
en lui montrant Marie, entre toutes les créatures, pré-
servée de la première pour servir à la seconde.

Si Dieu, dans son amour, n'avait pas éternellement
décrété notre régénération et le privilège de Marie qui

(1) II, p. 377 à 388.

en a été l'instrument, alors nous serions réduits à une morale, à une religion purement naturelles. Mais notre condition dégénérée, dont nous avons en nous tant de témoignages, serait toujours là pour frapper d'impuissance cette morale et cette religion. Sans doute, l'homme déchu a encore assez de lumière pour connaître plusieurs vérités naturelles, et assez de force pour pratiquer plusieurs vertus morales, mais non pour connaître toute la vérité et pratiquer toute la morale, même naturelle, sans une lumière et une grâce d'en haut : « Je sais, dit l'évêque, que Dieu ne refuse
« pas toujours ce secours à ceux qui ne sont pas en-
« core régénérés en Jésus-Christ ; je sais que c'est une
« proposition condamnée de dire qu'il n'y a pas de
« grâce hors de l'Église. Mais je sais aussi que cette
« grâce, Dieu se lasse de l'offrir à ceux qui, soit avant,
« soit après le baptême, persistent à repousser et à mé-
« connaître le principe même et la source de la grâce,
« qui est Notre-Seigneur Jésus-Christ. D'ailleurs.....
« le péché contre la grâce devient un péché contre la
« religion de la nature, qui enseigne clairement que
« s'il plaît à Dieu de se révéler par des lumières mys-
« térieuses et inattendues, c'est notre devoir d'ouvrir
« les yeux ; que s'il lui plaît d'épancher en nous des
« richesses surabondantes, c'est notre devoir d'ouvrir

« notre cœur ». Et il continue en montrant, avec les saints Livres, comment Dieu abandonne aux passions d'ignominie, au sens réprouvé, ceux qui s'obstinent à mépriser sa lumière et sa grâce, et comment la morale vraiment spiritualiste ne se trouve pas en dehors du christianisme (1).

Et de même, rencontrant dans sa seconde synodale le livre de la *Religion naturelle*, tome second du livre du *Devoir*, seconde démarche de la raison, isolée de la révélation, il fait ressortir l'impuissance de la philosophie séparée à trouver une religion en dehors du christianisme, forcée qu'elle est de lui dérober le peu qu'elle en a, pour nous le rendre fraudé et mutilé en se donnant le mérite de l'invention, comme si l'on était au temps de Platon ou de Cicéron. Non, la religion naturelle, comme la morale, dont elle serait une partie, n'existe spéculativement et pratiquement tout entière que dans le christianisme, lequel est venu pour nous apprendre à la pratiquer, ce à quoi ne suffisent pas nos forces naturelles. Jésus-Christ est venu accomplir et restaurer la loi naturelle, comme il est venu accomplir la loi judaïque, et non la détruire. Il nous a laissé dans les sacrements de l'Eglise un secours divin sans

(1) II, p. 396.

equel la loi naturelle serait lettre morte en nos cœurs. Et c'est parce que ses ministres ont été faits les gardiens, les interprètes, les zélateurs et les vengeurs de cette loi elle-même, que leur sacerdoce rencontre tant d'opposition et d'hostilité. C'est pourquoi, au philosophe épris d'amour et de zèle pour la religion naturelle, l'évêque lance cette vigoureuse apostrophe : « Mon frère, prosternez-vous à deux genoux devant le christianisme ; car lui seul est le conservateur, le restaurateur, le promoteur de la religion naturelle ; lui seul en maintient toute l'intégrité doctrinale au moyen de ses enseignements précis et inflexibles ; lui seul en obtient toute l'observation pratique au moyen des secours et des grâces qu'il procure. Philosophe, qui faites un livre dont tout le résultat est de séparer la religion naturelle de son auxiliaire pratiquement indispensable, vous avez péché non seulement contre la loi de grâce, mais contre la loi de nature elle-même ; abandonnez une thèse si mal posée ; sinon, défenseur apparent de la religion naturelle, vous en seriez, dans la réalité, l'ennemi le plus perfide et le plus acharné démolisseur (1). »

(1) III, p. 227.

III

Rien n'est plus vivant et plus saisissant que cette défense du dogme chrétien, ou plutôt cette poursuite de l'incrédule, fuyant la discussion au nom de la libre discussion, et se faisant une règle de fermer les yeux devant le fait culminant de l'humanité pour n'être pas convaincu par lui. C'est le drame intime de l'âme humaine, toujours neuf et toujours ancien. C'est le regard anxieux de tout notre être, voulant saisir les secrets qui lui importent le plus, ceux de son origine et de sa destinée, de ses rapports avec l'Être infini qui l'a créé. D'où suis-je venu ? Où vais-je ? Qui m'éclaire et me soutient ? Si possédé qu'on soit par le souci des choses périssables, on interroge ainsi l'invisible horizon ; et si exercé qu'on soit aux efforts de l'esprit, aux analyses intellectuelles, on parvient difficilement à se dégager de l'erreur du temps, atmosphère de doutes et d'objections, d'idées fausses et de maximes courantes, qui pénètre puissamment toutes choses. Il faut alors un élan, un coup d'aile puissant pour vous élever plus haut, agrandir vos vues, et par exemple vous faire trouver claire et satisfaisante cette vérité certaine et positive, mais obscurcie par l'ignorance et les préjugés modernes, à savoir que quelque chose au-dessus de notre nature doit entrer dans notre vie.

Aussi tout homme qui se sent plus ou moins imprégné de ces influences, tout homme en qui le sens du surnaturel s'est quelque peu émoussé par le frottement d'un monde qui l'oublie, trouvera autant de profit que de plaisir dans la lecture des œuvres philosophiques de ce profond penseur, qui, armé de la raison humaine portée à une haute puissance, muni en outre de la science divine et du caractère épiscopal, fait revivre en traits saisissants le grand problème sans cesse éludé, et la grande, l'unique solution : le fait et l'ordre surnaturels, la révélation, l'incarnation et la grâce, complément divin de la nature humaine, flambeau de son ignorance et soutien de sa faiblesse, non offert, mais imposé, et dont on ne peut se passer sans révolte, sans ingratitude et sans impiété.

Oui, impie, le philosophe qui s'avance et dit à Jésus-Christ, au Fils de Dieu venu en terre et mort en croix pour la régénération et le salut de ceux qui l'acceptent, pour la condamnation de ceux qui le refusent : « Je « ne veux ni t'affirmer ni te nier. Tu es dans le « domaine de la théologie et du prêtre. Moi, je suis « philosophe ; mon domaine, c'est la raison, la « nature ; j'y suis souverain et indépendant. »

L'homme souverain en face de Jésus-Christ ! « Quel
« nouveau glaive de Salomon a donc coupé l'homme
« en deux parts, pour donner l'homme raisonnable
« et naturel à la philosophie, l'homme croyant
« et surnaturel à l'Église ! » Comme si l'ordre
surnaturel pouvait subsister sans la *nature* sur
laquelle il demande à s'ajouter, et la foi sans un être
capable de recevoir cet accident divin, sans une raison qui lui dit qu'il faut croire ! « Ne dirait-on pas
« que ces philosophes ont inventé le secret de faire *le*
« *vide* autour de Jésus-Christ, d'en faire un roi sans
« sujets ?... Il faut à la religion chrétienne l'homme
« entier et complet... Pour porter ainsi le glaive de la
« séparation dans l'homme et dans l'humanité, il fau-
« drait atteindre plus haut et consommer le grand
« attentat dont parle saint Jean, « dissoudre Jésus-
« Christ », *solvere Jesum...* Vous donc qui prétendez
« ne jeter à la grâce que l'homme mutilé..., portez,
« portez plus haut l'effort de votre impiété : niez que
« le Verbe soit venu dans la chair, dénouez et dissol-
« vez le Christ, arrachez-lui sa nature humaine,
« réduisez-le à l'état fantastique... Si le Christ est le
« Dieu fait homme, l'humanité tout entière fait
« partie du système dont il est le centre, elle est
« tenue de se laisser emporter dans sa loi, dans

« son mouvement , et de graviter vers lui (1). »

Cette philosophie incroyante, cette religion naturelle, que laisse-t-elle dans le baptisé autre chose qu'un apostat ? Que fait-elle des droits du baptême ? Elle en fait précisément l'objet de ses négations les plus vives, les plus indignées. — Que parlez-vous d'apostasie ? Quoi ! le baptême imposerait une doctrine ? — Eh ! sans doute, si l'institution divine de ce sacrement régénérateur est un fait éclatant aux yeux de l'humanité ! Si la vie surnaturelle a été dans le plan du divin amour, le mode divin qui la confère en impose la charge et le bienfait, tout comme la naissance naturelle impose la vie naturelle et une condition terrestre plus ou moins dure à celui qui ne l'a pas voulue, et qui peut-être eût préféré le néant. Commencez donc par prouver que Dieu n'a pas établi pour l'homme une seconde création, qu'il ne lui a pas envoyé son Esprit par Jésus-Christ et par le baptême, comme il le lui avait donné dans sa création première, c'est-à-dire prouvez que Jésus, instituteur de cet ordre vraiment spiritualiste, n'est qu'un imposteur, si vous tenez à vous rabaisser, à n'être point cet homme régi par l'Esprit-Saint, que l'Ecriture appelle *spiritualis*, « composé

(1) III, p. 168.

« admirable d'un corps, d'une âme et du Saint-Esprit »,
si vous tenez à n'être que l'homme animal, régi par
les seules lois de sa nature (1).

Et ne dites pas que les temps ont changé, et que
depuis 1789 vous avez conquis la liberté de la pensée
et la liberté des croyances. Aucun fait de l'homme
ne peut changer l'Evangile, ni les obligations atta-
chées au baptême. La liberté civile et politique n'est
pas la liberté religieuse et morale. Et précisément
« parce que, dans les rapports de la société tempo-
« relle avec la société spirituelle, un nouvel ordre
« de choses, que nous n'avons pas à apprécier ici et
« que l'expérience achèvera de juger, a été substitué à
« l'ancien ; précisément parce que le rempart extérieur
« et légal de la vérité et de la loi révélée n'existe plus
« parmi nous, c'est le devoir plus impérieux que
« jamais du pontife et du prêtre de parler bien haut,
« et de rappeler publiquement aux principes de la foi
« et de la loi divines ceux qui s'en écartent publique-
« ment, ceux surtout dont la parole écrite devient
« un piège et un danger pour des milliers de lec-
« teurs (2). »

(1) III, p. 173 à 178.
(2) III, p. 193.

Ne dites pas non plus qu'enseignant au nom de l'Etat, vous devez faire abstraction de toutes les religions positives et proclamer seulement les principes qui leur sont communs. La loi organique de l'enseignement public l'oblige encore à prendre *pour base les préceptes de la religion catholique. — L'enseignement de l'Etat doit et veut être profondément chrétien*, disait encore en 1857 un discours ministériel. C'est que les lois, choses pratiques et positives, « ne se laissent pas aisément entraîner aussi loin dans « la région de l'inconnu et surtout de l'impossible que « les spéculations et les théories », et la prétendue neutralité de l'Etat dans son enseignement serait fatalement la plus grande de toutes les violences faites à la conscience et du maître et des disciples. Car, « que direz-vous de l'idolâtrie, de la polygamie, de la « sainteté du lien conjugal, pour ne pas blesser les « idolâtres et les musulmans ? Qu'enseignerez-vous sur « le fatalisme, clairement professé par Luther et Calvin ? « sur le libre arbitre audacieusement nié par ceux-ci, « sur l'inutilité des bonnes œuvres professée par ceux-« là, sur les châtiments éternels de l'autre vie rejetés « par le plus grand nombre ? Et en niant par votre « silence l'obligation d'une doctrine et d'une morale « révélées, ne blessez-vous pas tous les chrétiens et les

« Juifs eux-mêmes, qui sont d'accord pour y croire (1) ? »

Enfin, ne cherchez pas dans le passé et dans les rangs de l'orthodoxie de grands noms comme ceux de Bossuet, Fénelon et d'autres, pour trouver l'exemple d'un pareil silence dans leurs œuvres purement philosophiques. Il n'en est pas une qui n'affirme Jésus-Christ, ou ne place quelque part la notion de la foi divine et ses motifs rationnels de crédibilité (2).

Ainsi sont reprises sur la raison indépendante toutes les positions usurpées par elle.

Nous reconnaîtrons volontiers qu'en traduisant dans les pages qui précèdent la pensée de l'illustre évêque, nous l'avons affaiblie. Mais comment éclairer la physionomie du docteur et du défenseur de la foi sans un reflet, si pâle qu'il soit, de sa doctrine et de sa polémique, sans un essai de fusion sur ces deux instructions synodales, qui se pénètrent si bien mutuellement, et se combinent en une lumière si intense contre la grande erreur du naturalisme ? Toute incrédulité, toute irréligion y est stigmatisée, pressée, réduite en poussière, parce qu'il lui faut démasquer son unique et fragile principe, à savoir que « le surnaturel ne peut

(1) III, p. 208 à 212.
(2) III, p. 199 à 208.

« pas exister », assertion totalement dénuée de preuves, article de foi pur et simple imposé à la raison, qui ne peut l'accepter, vu l'infinie puissance et l'infinie bonté de Dieu. Ce point de départ mènera d'impiété en impiété. Et la nature indépendante en arrivera à produire, entre autres monstruosités, ces *Etudes d'histoire religieuse,* où l'apostat Renan se fera chef d'école par l'exagération de l'erreur de ses nouveaux maîtres ; où l'homme ne sera plus seulement le créateur de toute religion, mais le créateur de Dieu même, l'humanité ne faisant qu'idéaliser et adorer sous ce nom la bonté et la beauté qu'elle trouve en elle ; où « le personnage « historique de Jésus-Christ n'aura de divin que ce que « l'humanité y a mis » ; où l'on prétendra « laisser au « peuple sa croyance en un Dieu substantiel, tandis « que le privilège des classes lettrées, le culte des par- « faits serait de ne voir en Dieu que ce qui sort de bon « des profondeurs de notre être, en Jésus-Christ qu'un « des noms sublimes que l'humanité a choisis pour « se rappeler ce qu'elle est et s'enivrer de sa propre « image ». A ce futur auteur de la *Vie de Jésus,* athée, panthéiste, idolâtre, à cet agresseur résolu du catholicisme en même temps que de l'ordre social, l'évêque imprime en passant la note qu'il mérite ; plus tard, il le frappera d'une condamnation solennelle et le flétrira encore dans une homélie d'une rare profondeur, où saint Jean, révélateur de la nature divine de Jésus-Christ, obstacle et embarras pour ceux qui la nient, sera vengé des outrages et des négations dont il aura eu le partage avec le divin Sauveur.

C'est alors que viendra aussi la troisième instruction synodale.

Les deux premières suivaient de près un grand acte pontifical, la proclamation si opportune de tout l'ordre surnaturel dans le dogme de l'Immaculée Conception ; et le même synchronisme y rattache encore les décrets du Concile provincial de Périgueux définissant avec une remarquable netteté les rapports nécessaires de la raison et de la foi, de la nature et de la grâce, contre le naturalisme. La parole de Pie IX et celle de ce Concile sont merveilleusement enchâssées dans l'abondante et lumineuse doctrine du successeur d'Hilaire. Enfin, à l'heure même où la définition dogmatique de 1854 retentissait à Rome, elle était à Poitiers l'objet d'une admirable homélie, qu'il ne faut point séparer de l'œuvre apologétique de 1855 et 1857. Le mystère de la génération immaculée de Marie, préparation de celle de l'Homme-Dieu, y est pénétré à de telles profondeurs, éclairé de lueurs si radieuses, traité avec tant de déli-

ratesse et de poésie, cette poésie pleine et substantielle
qui jaillit des choses divines, que ce morceau de théologie semble un hymne, et tient le lecteur comme
suspendu dans la contemplation de la surnaturelle
beauté rendue visible à son œil intérieur. Puis, ce
dogme vengé dans son origine céleste et sa tradition
ininterrompue ; l'opportunité de cette déclaration
solennelle mise en lumière sous tant d'aspects saisissants, d'ordre supérieur et divin, d'ordre social et
humain ; tant d'aveux inattendus de ses contradicteurs,
accusant l'Eglise d'innovation après l'avoir accusée
d'immobilité, lui reprochant d'écouter le suffrage
populaire comme auparavant d'être trop hiérarchique,
niant, quoique protestants, le péché originel pour
refuser à Marie une nature privilégiée, l'admettant tout
à coup, quoique libres penseurs, pour n'en point
exempter Marie : tout cela forme une suite entraînante,
un admirable composé de science théologique, de
vigueur apologétique, de beauté littéraire et oratoire,
qui appartient avec nos deux synodales à la première
phase de cette lutte contre le naturalisme philosophique.

IV

Une seconde prise d'armes, en 1862 et 1863, nous donna la troisième synodale. C'est un monument de doctrine plus imposant encore que les deux autres. Il est d'un style, d'une allure toute différente. Ce n'est plus l'incursion dans les travaux de l'ennemi et d'après son plan, la dénonciation de l'erreur aux esprits qui y tomberaient faute de la voir. C'est la mise en état de défense de la place assiégée. C'est l'enseignement direct de la vérité, opposé à celui de l'erreur. C'est la doctrine chrétienne reprise de la base au sommet et présentée aux intelligences sur lesquelles l'erreur n'a de prise que par l'obscurcissement de cette doctrine.

Cette façon de procéder tout impersonnelle convenait mieux d'ailleurs à la nouvelle situation que les événements avaient faite au pontife. Les récriminations plus ou moins passionnées du début n'étaient rien auprès de ces vexations, de cette guerre officielle, qui sévissaient maintenant contre lui pour avoir osé flétrir l'usurpation des droits de l'Église et la complicité de ce crime. Nous étudierons ce curieux et triste duel entre l'évêque et l'Empire à propos de Rome. Ne considérons encore dans cette période de traverses et de persécution que l'œuvre calme et majestueuse de cette plume épiscopale pour le solide établissement de l'ordre surnaturel chrétien en face du naturalisme antichrétien.

Elle aussi développe les décrets d'un Concile, celui d'Agen; elle aussi se combine avec la parole de Pie IX qui vient de dénoncer encore le naturalisme aux nombreux évêques assemblés à Rome, et qui va lui porter un coup terrible par un des grands actes doctrinaux de son pontificat, l'Encyclique et le *Syllabus* de 1864.

La perfection de cette œuvre substantielle, la grandeur de ses proportions, nous engagent à lui faire ici une place moindre en étendue quoique supérieure en importance. Comment réduire sans l'altérer ou l'obscurcir la doctrine qui y coule à flots pressés? Nous dirons donc au lecteur qui veut être mené à la foi par la raison : Ouvrez le livre, et laissez-vous entraîner. Armez-vous du doute méthodique contre toute prétention de la nature à se dire isolée de ce qui n'est pas elle, à repousser *à priori* toute destinée supérieure à elle-même, à contester à Dieu le pouvoir de nous créer avec une affinité divine, de nous l'ôter comme peine du péché, de nous la rendre au moyen de l'incarnation et de la foi, de la régénération baptismale et des sacrements, et d'aggraver d'autant la peine de l'homme dégénéré qui mépriserait ce don de la révélation, de la grâce et de la gloire, toutes choses éternellement présentes à sa science et réunies dans un même décret. Ne demandez pas que le surnaturel tombe sous vos facultés naturelles, contradiction qui détruirait l'un des termes en le réduisant à l'autre ; mais rattachez-vous au surnaturel par l'idée de sa possibilité, qui n'est que l'idée de puissance divine et d'amour divin, et dont l'évidence s'impose aux forces naturelles de la raison. Dans cette disposition vraiment philosophi-que, vous verrez se dérouler un ordre de vérités et de clartés qui forcera votre admiration en même temps que votre croyance.

Après une description de l'erreur contemporaine, indifféremment appelée naturalisme et antichristia-nisme, car elle détruit toute l'économie chrétienne en niant toute cohésion entre la nature et ce qui est au-dessus, et en ne laissant subsister ni l'incarnation du Fils de Dieu, ni l'adoption divine de l'homme ; après un perçant et profond regard sur les origines de cet esprit prétendu moderne, mais vieux comme le monde, et qui fut le crime des mauvais anges, puis sur l'impi-toyable enchaînement de toutes ses nuances, depuis les plus mitigées jusqu'aux plus tranchées, apparaît le plan suivant lequel la vérité va se trouver reconstruite.

C'est d'abord une théodicée sublime, traduite d'un chapitre doctrinal du Concile d'Agen, c'est la nature divine vengée de toutes les erreurs qui l'altèrent et la détruisent, le mystère de la Trinité illuminé d'un rayon rapide emprunté au génie d'Hilaire ; mystère « qu'aucune investigation humaine n'amènera ici-bas « à l'évidence, mais qui apporte néanmoins à notre « esprit une lumière incomparable et un soulagement « nécessaire ; dogme qui nous enseigne un seul Dieu, « mais non pas un Dieu solitaire ; un Dieu où se ren- « contrent sans se contredire deux notions que notre « instinct perplexe y cherchait sans les concilier : « l'unité et la société, la fécondité dans l'unité », tan- dis que certains pygmées du philosophisme moderne osent qualifier le Dieu des Juifs de nature sèche et inféconde auprès du polythéisme païen. « Infécond, un « Dieu au sein duquel la foi nous montre l'éternelle « génération d'un Fils égal à son Père, l'éternelle « spiration d'un Esprit égal au Père et au Fils dont il « procède ! » sèche et inféconde, « cette nature où « bouillonnent le mouvement et la vie, et où l'infinie « puissance et l'infinie intelligence s'embrassent dans « un flux et reflux d'éternel et infini amour ! »

De ces hauteurs l'œil s'abaisse sur la nature créée ; l'homme est un autre mystère, et ce n'est pas le christianisme qui cherchera à déprimer sa nature. Sans doute il lui refuse quoi que ce soit de divin et de déifique, ne la rattachant à Dieu que par voie de création, non par voie de génération, que par la relation de l'ouvrage à l'ouvrier, non du fils au père ; mais il lui attribue « un titre de grandeur qu'aucune philosophie « humaine n'aurait soupçonné, l'aptitude radicale à « l'union, soit personnelle, soit mystique, avec la nature divine..., à être épousée ou adoptée par la divinité ».

C'est là le grand point du débat. C'est l'édifice surnaturel dont la base, le centre, est l'Incarnation. C'est la grande, l'unique question de la divinité de Jésus-Christ. Or, cette divinité, la voici affirmée, et la voici prouvée. Voici venir le miracle, seul signe auquel notre nature puisse reconnaître le surnaturel. « La « pseudophilosophie n'a pu répondre jusqu'ici ni aux « témoignages ni aux raisonnements qui établissent « le fait et la donnée du miracle », et l'école du libre examen en est réduite à décréter l'inviolabilité de sa négation érigée en dogme. Un chapitre du Concile d'Agen vient ici encore instruire le fidèle et fermer la bouche à l'incrédule. Et si celui-ci déclare l'ordre surnaturel et révélé « plus impossible encore que le mi- « racle, en ce qu'il implique non seulement une déro-

« gation transitoire aux lois de la nature, mais un
« changement radical dans toute la destinée de l'être
« intelligent et libre », il lui est répondu que « cet
« ordre tout entier procède du fait de l'Incarnation »,
et que « la possibilité de ce fait est démontrée par son
« existence, méthode non moins rationnelle que théo-
« logique, qui consiste à procéder du fait à la doctrine,
« de la certitude historique et positive à la conclusion
« spéculative et métaphysique », à moins de porter,
comme le fait le naturalisme, « une accusation capi-
« tale d'ignorance et d'imbécillité contre la raison ».

Ce que fait le naturalisme contemporain, tout égarement de la pensée humaine en matière religieuse l'a
fait. Il se croit neuf, et n'est qu'une réédition de toutes
les vieilles erreurs. Ses armes les mieux affilées, on les
retrouve, depuis longtemps émoussées, dans l'arsenal
des anciennes sectes. Pas une hérésie dans le cours des
siècles qui ne s'attaque d'une façon quelconque au
grand fait de l'Incarnation, et qui ne meure dès qu'il
est en lumière.

Enfin, tandis que ces fiers négateurs de l'Incarnation et du surnaturel s'égarent à la poursuite de leurs
propres rêves sur les rapports de Dieu et du monde,
et que, voyant « l'humanité, la création entière, oc-
« cupée à faire du divin », ils proposent d'y voir « un

« Dieu en travail d'être Dieu, en voie de formation,
« un immense devenir, un Dieu *in fieri* », ils ne font
autre chose que parodier le catéchisme, et travestir une
vérité profondément entrée dans le cœur de l'homme,
notre déification en Jésus-Christ et par Jésus-Christ.
Car la vie de Jésus se continue en nous. L'Incarnation
n'est pas restée un fait isolé. Le sang du Christ, outre
le vestige de parenté divine qu'il suppose en nous,
nous rend la qualité de fils de Dieu, la vocation surnaturelle perdue par le péché ; il fait revivre le décret de
notre adoption ; bien plus , il est l'instrument de sa
mise à exécution.

« La foi ne confère encore que la puissance de de-
« venir enfant de Dieu. La génération spirituelle s'a-
« chève par le sacrement qui est l'infiltration du sang
« de Jésus-Christ. Rien n'est familier à la tradition
« des premiers siècles comme cette doctrine de l'incor-
« poration des hommes à Jésus Christ, et des privilèges
« ainsi que des obligations qui en résultent... Et il y
« a pour la raison beaucoup moins de difficulté encore
« à ce que l'homme soit constitué fils de Dieu qu'à ce
« que Dieu devienne homme. Dès là qu'on admet le
« Christ, il n'y a plus d'objection sérieuse contre le
« chrétien. »

Tel est l'ordre surnaturel ; ordre qui n'étouffe ni

n'écrase la nature, et lui donne au contraire une force qu'elle n'aurait pas à elle seule pour observer toute la loi morale ; ordre qui n'a rien non plus de facultatif, et ne détourne point l'homme de son état et de sa fin propres. C'est le naturalisme qui est meurtrier de la nature. Car Dieu ne nous a pas créés « dans un état « d'intégrité purement naturelle, avec une fin pure- « ment naturelle et des facultés naturelles capables « d'atteindre cette fin » ; il nous a prédestinés dès le commencement à l'adoption déifique, et sans elle notre nature n'est pas dans son intégrité ; elle est non seule- ment pauvre et débile, mais appauvrie et débilitée, dé- chue et découronnée, réprouvée par le Créateur qui n'y reconnaît pas son ouvrage, mais celui du péché. « L'homme apporte en naissant le droit à la mort et « le droit à l'enfer. Ce n'est que par Jésus-Christ qu'il « peut revendiquer le droit à la résurrection et à la « vie bienheureuse. Quant à lui faire en dehors de « Jésus-Christ un ordre de pure nature avec une fin « purement naturelle et un droit à la béatitude natu- « relle, tous les efforts du naturalisme n'y parvien- « dront jamais. » L'ignorance matériellement ou mo- ralement invincible est bien une excuse dont nul ne peut mesurer l'effet ; « mais l'ignorance volontaire, « l'ignorance acceptée, calculée, c'est bien plutôt une

« aggravation du péché, puisque c'est l'attitude la
« plus méprisante que la créature puisse prendre en-
« vers son Créateur ».

Et Jésus-Christ ayant droit sur l'homme tout entier,
l'homme créé sociable doit être gouverné chrétienne-
ment. L'ignorance volontaire vis-à-vis du Christ et de
sa loi n'est pas plus permise aux représentants des sociétés qu'à leurs membres. Et le naturalisme politique,
celui qui vise à s'installer sous le nom de *libéralisme*,
dans les constitutions et les lois, en séparant plus ou
moins l'État de l'Église, en le neutralisant au point de
vue religieux, est une erreur funeste des temps présents, qu'il ne faut pas se lasser de dénoncer, et qui
trouve dans la suite de la troisième synodale une réfutation digne par son ampleur d'être un commentaire
anticipé du *Syllabus*.

Nous aurons plus d'une lumière à en tirer lorsque,
avec Mgr Pie, nous envisagerons le chrétien dans
l'ordre social, et les droits de Dieu sur les politiques et
les législateurs. Mais l'œuvre philosophique du grand
évêque n'est pas terminée : elle aura son couronnement
dans la part qu'il va prendre au Concile du Vatican,
et le commentaire qu'il en donnera.

V

C'est un de ses plus beaux titres de gloire que cette relation fameuse qui, faisant la paix en même temps que la lumière, prépara le vote unanime de la Constitution *Dei filius*.

Nommé le second de vingt-quatre prélats pour composer la Commission *De fide,* il fut l'un de ses trois élus pour la rédaction des projets à soumettre au Concile; et quand la discussion fut achevée dans l'assemblée conciliaire, celle-ci lui donna une marque insigne de sa confiance en le chargeant de faire la relation sommaire des débats. Son pieux et savant auxiliaire, Mgr Gay, dont la part de travail fut si considérable dans ce grand Concile, a déjà dit quel triomphe valut à la vérité et à son défenseur cet exposé de doctrine si lumineux et si fort en même temps que si calme et si aimable, qui enleva l'admiration de tous et charma même les opposants.

Cette Constitution *Dei filius* établissait les préambules de la foi. Le *schema* qui avait servi de point de départ aux délibérations renfermait en outre un magnifique exposé du dogme chrétien, qui prit place dans une autre Constitution déjà entièrement rédigée et discutée par la Commission , mais qui ne put l'être en assemblée conciliaire. C'était, on le voit, tout l'ensemble de vérités philosophiques et théologiques que nous avons déjà envisagé dans la troisième synodale.

Ensuite devait venir un *schema* sur l'Église, proclamant les droits de Dieu dans l'ordre social et politique, la constitution et la discipline de l'Église, la prérogative de son chef infaillible et souverain, les grands principes du droit public chrétien.

On sait comment l'auguste assemblée , pressée par la violence de l'opposition et les menaces de l'horizon politique, fit le sacrifice de ce plan majestueux , et, allant au plus urgent, n'acheva du premier *schema* que la Constitution *Dei filius*, et du second que la Constitution *Pastor æternus* sur l'infaillibilité pontificale, condamnant d'ailleurs du même coup tout ce que l'Encyclique et le *Syllabus* avaient condamné. Et nous savons que Mgr Pie, regrettant les travaux qui allaient être perdus, l'ampleur et la beauté que l'ordre projeté devait donner au Concile, ne se prêta pas du premier coup à cette anticipation. Mais il céda devant l'urgence, et l'événement la démontra.

Au reste, le préambule de la première Constitution vaticane fait apercevoir la pensée-mère de tout le Conile, son unité et son programme. Il dit le mot vrai, le mot divin sur notre société et notre siècle. Et c'est par lui que l'évêque commence l'œuvre de commentateur qu'il projetait d'étendre à la seconde Constitution, trésor précieux dont la mort nous a privés.

« Le signe propre de notre temps, c'est ce que le Concile déclare tout d'abord et nomme de son vrai nom, qui est le naturalisme. »

« De quelle façon le siècle présent sort des autres et les continue, par quelle genèse la grande erreur des temps modernes dérive des erreurs précédentes », comment le naturalisme fait suite au protestantisme et le Concile du Vatican au Concile de Trente, comment enfin toutes les erreurs les plus radicales, panthéisme, athéisme, matérialisme, jaillissent de cet isolement de la nature en face de Dieu, c'est ce qui est l'objet d'un premier et lumineux exposé.

« En effet, si la nature est tout, si nous sommes à Dieu une limite, si nous avons un droit opposable au sien, la nature est Dieu, tout est Dieu. »

« Si tout est Dieu, nul n'est personnellement Dieu. Dieu est plus que divers, il est contradictoire, il n'est pas.

« Et s'il n'y a pas de Dieu, c'est-à-dire de premier Esprit, y a-t-il vraiment des esprits ? »

Puis, comment la nature, quand elle méconnaît Dieu et le chasse de la société, en vient à combattre les droits divins que cette société s'arroge, ses lois, ses juges et ses armées, et la société domestique elle-même, la stabilité du mariage, l'hérédité, la propriété, glissant ainsi dans le socialisme et le communisme; — comment enfin l'erreur et le mal du dehors sont favorisés par la plaie du dedans, par la complicité de ceux qui laissent faire, de ces chrétiens en qui la diminution progressive des vérités est venue affaiblir le sens catholique, — c'est ce qui est admirablement touché par quelques lignes du Concile et éclairé par plusieurs pages de l'évêque, qu'il convient de rattacher d'avance à la seconde partie de notre étude doctrinale.

A cette vue synthétique des erreurs du temps succèdent les quatre chapitres de la Constitution : — d'abord *Dieu* vengé de tous les blasphèmes modernes, et sa notion rétablie dans sa pureté. On voudrait pouvoir citer cette page où sont si fortement notées toutes les altérations et les falsifications infligées à l'idée de Dieu ; — puis *la révélation*, don surnaturel fait à une nature raisonnable dont les droits et la puissance sont méconnus par le naturalisme et rétablis par le Concile; — *la foi*, vertu essentiellement surnaturelle, mais appuyée sur des motifs rationnels de crédibilité accessibles à tous et d'autant plus attaqués ; la foi impliquant la raison, l'impliquant comme puissance chez ceux qui en reçoivent la vertu infuse par le baptême, puisque les êtres raisonnables sont seuls capables de ce sacrement, l'impliquant comme acte chez tout adulte qui fait acte de foi ; l'acte de foi est une vertu, mais il est rationnel, n'en déplaise au rationalisme qui n'y veut voir qu'une émotion irréfléchie, un enthousiasme aveugle appartenant à notre enfance intellectuelle et servant de prélude aux actes rationnels. — Enfin viennent la foi et la raison considérées dans leurs rapports comme ordres de connaissances distincts, l'excellence de la foi sur la raison qui ne peut la contredire à moins d'errer, la juste liberté de la science et les limites qu'elle ne doit pas franchir.

Tels sont les principaux traits du document sacré dont le développement, si profond et si substantiel, était digne de clore la lutte philosophique de notre grand évêque. Laissons-lui la parole sur les oppositions dont le *schema* avait été l'objet :

« Contre l'attente de nos adversaires qui n'avaient
« cessé de spéculer sur les divisions intérieures de
« l'assemblée, cette Constitution doctrinale fut adoptée

« par un vote unanime. Il est vrai, les discussions
« avaient été longues, quelquefois ardentes, disons
« même passionnées. L'opposition, qui allait se
« dessiner d'une façon plus tranchée pendant la seconde
« période, s'était produite dès le commencement par
« des attaques violentes contre le *schema*. Ces attaques
« avaient retenti dans le monde entier par la coupable
« indiscrétion de quelques membres du Concile qui,
« au mépris du règlement et par la violation du secret
« rigoureux dont les assemblées synodales se sont
« toujours fait une loi, livraient chaque soir aux
« correspondants et affidés de la presse, les détails
« intimes de nos sessions, détails souvent travestis et
« dénaturés. La vérité est que ce *schema* anonyme (1)
« sur lequel les opposants ont déchargé leur humeur
« pendant plusieurs mois, se donnant la satisfaction
« de frapper dessus *tanquam in caput mortuum*, n'a
« été finalement abandonné sur aucun point, quant à
« la doctrine, et s'est trouvé souvent maintenu quant
« à l'expression. »

Si de ces circonstances on rapproche la part considérable que l'évêque de Poitiers eut à prendre comme

____

(1) On sait qu'il était l'œuvre du docte P. Franzelin, depuis cardinal.

rapporteur dans cette partie de l'œuvre conciliaire, on trouvera qu'il a été au Vatican une lumière puissante.

Ainsi nous suffirait-il de l'avoir envisagé dans une première partie de sa doctrine, de son action et de ses écrits, pour justifier le jugement qui de toutes parts s'est formé sur son épiscopat. Evêque diocésain modèle, il a été en outre une des gloires de la France par son savoir et son éloquence, et surtout l'homme de Dieu et de l'Église universelle par sa fermeté et sa puissance dans la revendication de leurs droits contre l'erreur. « Dans « le monde entier, a dit de lui un éminent prélat (1), « son nom fait autorité. Pasteurs et fidèles lisent et « admirent ses lettres pastorales, ses instructions syno- « dales, ses admirables homélies. »

Mais quand nous aurons vu la pureté de son ortho- doxie et sa vigueur doctrinale, sa courageuse attitude et son inviolable attachement au Saint-Siège briller en face du naturalisme politique et du libéralisme doc- trinal, et s'élever contre les monstruosités de la politique antichrétienne, nous comprendrons encore mieux l'universel renom de ce grand serviteur de

(1) Mgr Duquesnay, évêque de Limoges, depuis archevêque de Cambrai.

l'Église et les titres qui lui valurent la pourpre romaine, hélas! pour trop peu de temps.

Sous cet aspect, d'ailleurs, la physionomie du grand évêque sera encore plus vivante. Les événements contemporains, les funestes progrès de la France hors de sa voie, les attentats contre l'Église, les excès ou la mauvaise foi des gouvernants, leur lâcheté ou leur ignorance en matière religieuse, enfin les égarements de cette autre puissance qui s'appelle l'opinion publique, viendront se placer sous la vaste étendue de son regard, et provoquer sous sa parole l'enseignement des grandes vérités de l'ordre social chrétien.

Nous pourrons juger alors la triste fécondité de l'hérésie, ce qu'il y a d'immuable dans le christianisme et de nécessaire dans le vieil ordre chrétien, d'abusif et de chimérique dans le courant contraire qualifié moderne et si souvent préconisé comme tel.

Déjà, par les profonds ravages du naturalisme philosophique dans les âmes, on a pu voir combien notre siècle a abaissé la nature en la privant du sens chrétien, et combien l'œuvre apologétique de Mgr Pie répondait au besoin des temps. L'état social dont nous a dotés l'impitoyable logique de l'erreur appellera à son tour des protestations et des enseignements qui, visant plus haut, et ne s'adressant plus seulement aux incrédules, auront un retentissement proportionné à leur nécessité. Étude éminemment sociale dans chacune de ces deux parties. Car le premier remède social est de réveiller l'esprit chrétien dans les âmes; le second est de le ramener dans les institutions et les lois.

CHAPITRE III

LA VÉRITÉ ET SES DROITS DANS L'ORDRE SOCIAL.

I

L'erreur du naturalisme est la plus radicale de toutes, puisqu'elle nie non un dogme, mais le dogme, et Dieu lui-même si on la presse. Elle interdit entre Dieu et nous toute communication à laquelle ne suffirait pas notre nature ; la puissance de Dieu trouverait dans la nôtre sa mesure et son maximum à l'égard de nos connaissances, de nos devoirs, de nos destinées.

Ce qu'une pareille philosophie a d'antiphilosophique et ce qu'elle fait de l'âme humaine, Mgr Pie nous l'a montré. Nous avons vu la misérable ruine que la raison indépendante substitue au chrétien.

Mais elle ne s'attaque pas seulement à l'âme de l'individu. Elle plonge ses racines dans les fondements de l'édifice social et politique. Soit par l'effet de principes ouvertement proclamés, soit par les menées ténébreuses de sectes enfantées par elle, et dont la haine traduit en révolutions impies, en usurpations sacrilèges, ses froides négations, elle mine et met en poussière la société chrétienne.

Il n'en peut être autrement. Si Jésus-Christ n'est pas Dieu, il a encore moins de droits sur la société que sur l'individu. Et si Dieu n'a rien pu nous révéler ou nous imposer au delà de ce qui apparaît à la raison de chacun ou de ce que lui impose sa conscience, il n'a pu donner aux États d'autre code que celui de la raison et de la conscience du plus grand nombre, si obscurcies qu'elles puissent être. Le dogme antichrétien du contrat social et de la souveraineté du peuple, qui a son germe dans le dogme protestant du libre examen, a pour épanouissement légitime le culte de la déesse Raison.

Dogme antichrétien, ai-je dit ; mais aussi dogme antisocial, comme est antirationnel celui du rationalisme. Car l'homme est social par essence et non par volonté ; si donc l'état de société ne dépend pas du peuple, comment la souveraineté dépendrait-elle de lui ? « L'homme étant né pour la société, et la société « ne pouvant exister si elle n'est réglée et gouvernée, « tout assemblage d'hommes veut à sa tête un pouvoir

« souverain (1) » ; mais un peuple souverain, c’est un peuple sans souverain, et l’état social manque chez lui de son élément le plus nécessaire.

Et puis, si l’homme privé peut difficilement, en dehors du christianisme, s’empêcher de déraisonner et de forfaire au devoir, l’homme public sera-t-il moins porté à abuser d’une souveraineté qui n’a rien de divin et ne doit rien à Dieu, mais tout à la raison populaire qu’il suffira de tromper, de séduire ou d’intimider ? Et n’est-ce pas déjà en abuser que de diriger les forces sociales dans un sens non chrétien et par suite antichrétien qui détourne les âmes de la foi, leur bien suprême ? Enfin, si nul frein moral ne retient la tyrannie, quel frein moral arrêtera la rébellion ? « Quand la religion « n’est plus la modératrice des rois et des peuples, le « monde est alternativement victime des excès des uns « des autres. »

Les nations, sans doute, n’ont pas de destinée éternelle, mais ceux qui les représentent en ont une. Et s’ils ont le devoir d’être chrétiens pour eux-mêmes, ils ont celui de conduire dans une voie chrétienne la société qu’ils dirigent ; devoir muni d’une sanction éternelle pour le souverain qui le viole et qui, en le vio-

(1) VIII, p. 46.

lant, compromet le bonheur temporel du peuple en même temps que le salut des âmes.

Quand on substitue le peuple à Dieu comme source de la souveraineté, on fait de la morale sociale et politique, de la morale qui règle les devoirs réciproques du peuple et du souverain, à peu près ce qu'on fait de la morale individuelle quand on nie les droits de Dieu sur l'homme et qu'on déifie la raison, c'est-à-dire, en fin de compte, l'humanité.

Et pourtant, si une erreur a su trouver des auxiliaires parmi ceux mêmes qui se déclarent et qui sont chrétiens, qui croient à la vie surnaturelle et en pratiquent les vertus, c'est cette doctrine sociale qui tend à séparer de Dieu et de l'ordre surnaturel chrétien toute la chose publique ; et tandis que les mécréants ne sont que logiques en n'admettant pas plus l'État chrétien que l'individu chrétien, on voit la logique manquer à une-foule de croyants qui font de Jésus-Christ le roi de leur âme, mais non pas le roi des rois et des nations ; de l'Évangile la loi de l'individu et du père de famille, mais non pas la loi des législateurs ; chrétiens dans la vie privée, non chrétiens dans la vie publique ; faisant ainsi dans l'ordre social ce que fait la philosophie séparée dans l'ordre individuel lorsqu'elle soustrait à Jésus-Christ l'homme naturel en lui laissant l'homme surnaturel ; chrétiens bien intentionnés d'ailleurs, et croyant par là faire mieux régner la religion dans les âmes, mais mal inspirés et ne faisant régner que les adversaires déclarés du Christ.

Que deviendra dans les âmes le sens surnaturel et la vérité révélée, si la maxime gouvernementale est de supposer qu'il n'y a ni révélation, ni ordre surnaturel, et d'accorder à toutes les doctrines une bienveillance indifférente, sans reconnaître la vérité d'aucune ? La fiction gouvernementale risque bien de devenir, par l'effet d'un funeste encouragement, la maxime individuelle du plus grand nombre. « Quand l'erreur est « une fois incarnée dans les formules légales et les « pratiques administratives, elle pénètre les esprits à « des profondeurs d'où il devient comme impossible « de l'extirper. »

Ce naturalisme politique, cette indépendance absurde et impie de la raison politique et de la loi civile envers la révélation divine et l'autorité de l'Eglise, cette barrière élevée entre Jésus-Christ et la vie publique des chrétiens, l'évêque de Poitiers en fit l'objet principal et constant de sa guerre doctrinale. Il y revenait sans cesse, jugeant que parmi les erreurs du temps, celle-ci, moins radicale quant à son objet, leur offrait à toutes un conducteur puissant, et trouvait elle-même un accès plus facile près d'une foule de fervents chrétiens qui croyaient leur foi intacte s'ils la préservaient seulement des autres. Il pensait que notre siècle ne parviendrait pas à dominer le flot de l'erreur et à réparer ses ruines, tant qu'il n'aurait pas rectifié cette première déviation et replacé Dieu, le vrai Dieu, le Christ, dans les fondements de l'édifice. Aussi ne se lassait-il pas de proclamer l'universelle royauté de Jésus-Christ, et de condamner le dogme politique de l'indifférence religieuse chez les chrétiens qui s'en faisaient les disciples, les apôtres ou les auxiliaires inconscients.

Nul n'a mieux dépeint cette séduisante et dangereuse erreur.

« Tandis que la presse impie et rationaliste proclame
« la *sécularisation* désormais absolue des lois, de l'é-
« ducation, du régime administratif, des relations in-
« ternationales et de toute l'économie sociale, comme
« étant le fait et le principe dominant de la société
« nouvelle, de cette société émancipée de Dieu, du
« Christ et de l'Eglise, nous avons vu surgir, sous
« l'empire de préoccupations honnêtes et estimables,
« des adeptes inattendus de ce système nouveau. Des
« chrétiens ont paru penser que les nations n'étaient
« pas tenues, au même titre que les particuliers, de

« s'assimiler et de professer les principes de la vérité
« chrétienne; que des peuples incorporés à l'Eglise
« depuis le jour de leur naissance pouvaient légitime-
« ment, après une profession douze ou quatorze fois
« séculaire du christianisme, abdiquer le baptême na-
« tional, éliminer de leur sein tout élément surna-
« turel, et, par une déclaration solennelle et retentis-
« sante, se replacer dans les conditions de ce qu'ils
« croient être le droit naturel ; enfin que la génération
« héritière de celle qui aurait accompli en tout ou en
« partie cette œuvre de déchristianisation légale et
« sociale, pouvait et devait l'accepter, non pas seule-
« ment comme une nécessité, mais comme un progrès
« des temps nouveaux, que dis-je ? comme un bienfait
« même du christianisme, lequel, après avoir conduit
« les peuples à un certain degré de civilisation, devait
« se prêter volontiers à l'acte de leur émancipation, et
« s'effacer doucement de leurs institutions et de leurs
« lois, comme la nourrice s'éloigne de la maison quand
« le nourrisson a grandi. Conséquemment à cela, ils
« ont déclaré que le droit essentiel du christianisme
« ne s'étendait point au delà d'une part relative dans
« la liberté commune et dans l'égale protection due à
« toutes les doctrines. Ils ont été jusqu'à demander à
« l'Eglise de descendre dans les replis de sa conscience,

« d'examiner si elle avait été assez juste par le passé
« envers la liberté, et dans tous les cas, de comprendre
« que, puisqu'elle s'accommodait aujourd'hui de la
« facilité laissée à ses défenseurs, elle ne pouvait sans
« ingratitude et déloyauté refuser de sanctionner à l'a-
« venir, partout et toujours, ce système de libéralisme
« à la faveur duquel on pouvait encore plaider sa
« cause à l'heure présente.

« Il est vrai, toutes ces assertions et ces opinions,
« jetées dans le courant de la publicité quotidienne
« par des hommes ardents et généreux, aux yeux des-
« quels le présent est tout, ne doivent pas être regardées
« de trop près ni discutées trop rigoureusement. Issues
« des accidents mobiles d'une situation temporaire,
« elles ressembleront beaucoup à ces feuilles qui cou-
« vrent un matin la surface du fleuve, et qui s'écou-
« lent avec ses eaux pour ne plus reparaître. D'ail-
« leurs, plusieurs des propositions que je viens de
« rapporter ont été déjà, les unes rétractées, les autres
« atténuées et modifiées par leurs auteurs ; d'honorables
« écrivains de la même école, après avoir désavoué
« certaines expressions, expliqué certaines maximes,
« ont déclaré que le reste n'avait réellement pas fait
« partie du programme. Certes, ce n'est pas nous qui
« chercherons à faire naître les diversions en face de

« l'ennemi, ni à entretenir les divisions dans le camp
« chrétien, à l'heure où la réunion de toutes les forces
« en un seul faisceau serait si désirable.

« Si des erreurs que nous considérons comme très
« injurieuses envers Dieu, envers Jésus-Christ et en-
« vers l'Église, et en même temps comme destructives
« de tout ordre chrétien, par conséquent de toute
« société régulière et de toute vraie liberté, venaient
« à se prévaloir des sages temporisations de l'Eglise,
« celle-ci, obéissant à une nécessité longtemps éludée
« par elle et opiniâtrément créée par ceux-là mêmes
« qui lui reprocheraient davantage l'inopportunité de
« son intervention, se verrait forcée d'élever la voix.
« Elle n'aurait, du reste, qu'à invoquer sa doctrine
« séculaire, sa pratique invariable, ses protestations et
« ses réserves renouvelées dans plusieurs circonstances
« mémorables, les décisions multipliées et les condam-
« nations expresses de ses pontifes jusqu'à nos jours,
« l'autorité convaincante de l'histoire, l'exemple de
« tous les pays et de tous les temps, les leçons élo-
« quentes des événements modernes, les intérêts sacrés
« de l'avenir, enfin la logique du bon sens et de la rai-
« son même naturelle. »

Ces paroles empruntées à la troisième synodale, et
répondant aux échos du Congrès de Malines, ne sem-

blent-elles pas annoncer l'Encyclique et le Syllabus, qui, peu de temps après, condamnèrent solennellement ces complaisances doctrinales du libéralisme contemporain, à la suite de toutes les erreurs philosophiques et sociales dont il est le voisin et l'imprudent allié ?

Pie IX, en effet, n'a que trop connu cet ennemi aux mille voix et aux mille bras, le naturalisme politique : il défendait glorieusement contre lui les droits de la vérité dont il était le gardien, de Jésus-Christ dont il était le vicaire, de l'Église dont il était le chef ; et pendant que l'œuvre révolutionnaire se continuait, il dénonçait au monde le dogme révolutionnaire et toutes ses nuances. L'œuvre et le dogme révolutionnaires, ne l'oublions pas, c'est le naturalisme politique et social ; et sous ces noms il faut entendre non les réformes utiles et justes que peut comporter la société, non le développement gradué et intelligent de la liberté, choses auxquelles les rois chrétiens, le Pape lui-même, se sont appliqués ; mais les violentes atteintes à l'ordre social et à la stabilité du pouvoir sous le prétexte du droit des peuples, mais les maximes négatives et dissolvantes substituées à l'antique et nécessaire fondement des sociétés, au principe chrétien ; maximes qui, nuancées, atténuées ou voilées en mille manières, peuvent séduire plus d'un catholique par une apparence généreuse, mais qui toutes, à des degrés divers, contribuent à former le courant social antichrétien et procèdent toutes de la même erreur fondamentale, à savoir que les sociétés n'ont pas de devoirs comme sociétés envers Dieu, envers Jésus-Christ, envers l'Église catholique.

Le Pape a sous son regard vigilant toute la chrétienté; il entend monter du sein des diverses nations ces voix dont les dissonances n'empêchent pas le concert inconscient, ces doctrines sociales, qui conspirent, les unes en le voulant, les autres sans le vouloir, à étouffer peu à peu le christianisme dans les âmes après l'avoir étouffé comme loi fondamentale et publique dans la société ; généreuse illusion chez les uns, indifférence sceptique chez les autres, calcul de la haine chez plusieurs. Et ces doctrines, le Pape les condamne.

Sans doute, ce ne sera pas une erreur de dire, avec saint Hilaire et saint Athanase, que Dieu ne veut pas d'une confession forcée et de l'apostolat du glaive ; ni de dire que le pouvoir est institué pour les peuples et non les peuples pour le pouvoir ; ni de dire qu'en présence de la diversité des cultes déjà établie dans un État, il peut être utile à la paix et au bien général de donner au culte dissident une tolérance civile sans adhésion aux croyances tolérées ni abandon du dogme catholique.

Mais proclamer l'*égale indifférence* ou l'égale protection de l'État pour tous les cultes, et dire que c'est un progrès pour la société humaine d'être ainsi constituée et gouvernée ; que le meilleur état social est celui qui ne protége la religion catholique qu'autant que la tranquillité publique l'exige ; que le système de l'Etat chrétien (qui d'ailleurs n'exclut pas la tolérance des cultes dissidents) n'est plus utile à notre époque ; se faire une conception rationaliste de l'État, et la proposer à l'Eglise comme devant la satisfaire à l'égal de la conception chrétienne ; ne souhaiter pour la vérité catholique d'autre garantie que la liberté de toutes les erreurs ; voir dans la liberté de conscience et de culte, de parole et de presse, un droit propre à chaque homme, qui doive être proclamé et assuré contre toute loi restrictive ; enfin, nier que cette liberté tende à corrompre plus facilement les mœurs et les esprits et à propager la peste de l'indifférentisme ; voilà autant d'erreurs libérales solennellement condamnées par l'Encyclique et le Syllabus.

N'a-t-on pas le droit de les rattacher au courant social antichrétien et révolutionnaire ? N'attribuent-elles pas des droits redoutables, et par là une déplo rable puissance, à des maximes plus révoltantes, hostiles à l'Église, funestes à la liberté elle-même ? A côté et à la faveur du libéralisme, la Révolution propage ses dogmes : le Peuple souverain, l'État-Dieu, l'Église assujettie. Elle les prêche et elle les applique.

N'ont-elles pas été officiellement appliquées ou enseignées, toutes ces monstrueuses erreurs : — la volonté du peuple est la loi suprême, indépendante de tout droit divin et humain ; l'autorité est la somme du nombre et des forces matérielles ; dans l'ordre politique, les faits accomplis ont par cela seul force de droits ; un prétendu principe de non-intervention les protège; — l'Etat doit être séparé de l'Église, et l'Église de l'État ; de plus, l'État est la source de tous les droits, sans que l'Église ou la famille, société d'institution divine, en aient qui leur soient propres ; le mariage doit être traité non comme un sacrement, mais comme un contrat civil dépendant de la loi civile; la famille emprunte sa raison d'être au seul droit civil, et de la loi civile dépendent les droits des parents sur leurs enfants ; ainsi l'éducation peut être soustraite à la direction de l'Église et n'avoir pour but principal que la connaissance des choses naturelles et terrestres ; — l'Église n'a pas le droit naturel d'acquérir et de posséder, pas une immunité, pas une exemption, qui ne soit purement concédée et révocable par le pouvoir civil ; — l'État peut exercer sur les choses sacrées un pouvoir indirect négatif par l'*exequatur*, par l'appel comme d'abus, casser les concordats, s'immiscer dans l'accomplissement de la fonction pastorale, décider même sur l'administration des sacrements ; — l'autorité laïque peut empêcher évêques et fidèles de communiquer librement entre eux et avec le Souverain Pontife, soumettre à son assentiment les lois de l'Église, les actes et les décrets du Saint-Siège, interdire aux évêques l'exercice du ministère pastoral, présenter des évêques et les forcer d'administrer avant l'institution canonique, prendre pour règles irréformables les décisions d'un concile national, instituer des Églises nationales séparées du Pontife romain : elle peut s'immiscer dans la profession religieuse, en fixer l'âge, supprimer les communautés, disposer de leurs biens ? — N'a-t-on pas soutenu enfin, attaquant l'Église chez elle, que le pouvoir temporel est incompatible avec le pouvoir spirituel ; que l'excomunication lancée contre les envahisseurs et usurpateurs des droits et possessions de l'Église repose sur une confusion de l'ordre spirituel et de l'ordre civil et politique, et n'a pour but qu'un intérêt terrestre ; que l'Église ne doit rien faire qui puisse lier la conscience des fidèles relativement à l'usage des biens temporels ?

Tel est le naturalisme politique étudié à la lumière du grand acte pontifical de 1864 et des faits dont notre siècle a été témoin.

Une partie de ce programme correspond aux entreprises sacrilèges d'une puissance ambitieuse et d'une secte impie contre la souveraineté du Saint-Siège ; le reste à cette guerre, tantôt sourde et tantôt violente, que l'Église rencontre en divers pays de la chrétienté, sous le prétexte de la liberté de conscience et des droits de l'État.

C'est ainsi que nous partagerons les faits contemporains dans leur rapport avec l'Église, pour observer l'attitude et recueillir les enseignements de l'Évêque de Poitiers à leur occasion. Nous verrons ce qu'il fut à l'égard de la papauté, considérée dans ses deux souverainetés temporelle et spirituelle, si intimement liées l'une à l'autre. Nous l'entendrons aussi parler de la France et de ses destinées, apprécier son droit public et sa politique intérieure dans leurs rapports avec les droits de Dieu et de l'Église.

Mais auparavant, il convient de poser les principes

sociaux en regard de l'erreur, et de les voir resplendir dans la parole épiscopale.

II

Reprenons donc la troisième instruction synodale, œuvre doctrinale par excellence, et dont la deuxième partie, consacrée au naturalisme politique, nous a déjà fourni une peinture saisissante du libéralisme, la plus spécieuse, la plus honnête de ses nuances. L'évêque, en évitant les allures de la controverse et de la personnalité, et sans prétendre épuiser une matière si vaste, veut seulement mettre en lumière la pensée de l'Église, et fixer les intelligences exemptes de passion et de parti pris.

Il faut en effet, là encore, ne pas prendre pour infaillible un courant d'opinion par cela seul qu'il a réussi à s'établir, ne pas croire que l'esprit moderne soit meilleur parce qu'il est moderne : à celui qui prendrait de telles propositions pour axiomes, il n'y aurait plus rien à dire. Mais au chrétien qui veut juger impartialement son siècle, et qui pense que sur les rapports de la société civile avec Dieu, la religion et l'Église, il peut y avoir une vérité dominant invariablement tous les siècles, sauf les différences de conduite dans le mode et la rigueur de l'application, l'Évêque de Poitiers fait entendre le langage de la raison uni à celui des Livres saints, à celui des Pères de l'Église.

Dieu, « en faisant l'homme essentiellement social, « n'a pu vouloir que la société humaine fût indépen- « dante de lui ». — « C'est par Dieu que les rois « règnent ; c'est par lui que les législateurs font des « lois justes (1). » Et Dieu s'étant incarné dans le Christ, le Christ continuant de vivre, d'enseigner et d'agir dans son Église, tout ce qui dépend de Dieu dans l'ordre des choses spirituelles, religieuses, mora- les, dépend conséquemment de Jésus-Christ et de l'Église. Les saintes Écritures ont menacé de la colère du Seigneur, de la peine du talion, les nations et les royaumes qui n'auront pas voulu le connaître. Elles proclament partout la royauté de Jésus-Christ sur toutes choses. « Dieu lui a promis les nations en héri- « tage. » Et celles qui se retireront de lui sont quali- fiées « apostates (2) ».

La prédiction s'est accomplie. Les princes et les

____

(1) Prov., VIII, 15.
(2) Ps. II, 8. — LXXI, 11. — Ézech., II, 3.

pouvoirs publics, entrés dans l'Église, ont reconnu que leur autorité devait être désormais l'auxiliaire de la vérité comme elle l'avait été de l'erreur. « Si plu-
« sieurs d'entre eux, encore néophytes, et trop peu
« déshabitués des allures absolutistes du césarisme
« païen, ont changé dès l'origine en oppression leur
« protection légitime ; s'ils ont (ordinairement dans
« l'intérêt de l'hérésie et à la requête d'évêques héréti-
« ques) procédé avec une rigueur qui n'est pas selon
« l'esprit du christianisme, il s'est trouvé dans l'Eglise
« des hommes de cœur, tels que nos Hilaire et nos
« Martin, tels que les Athanase et les Ambroise, pour
« les rappeler à l'esprit de la mansuétude chrétienne,
« pour répudier l'apostolat du glaive, pour déclarer
« que la conviction religieuse ne s'impose jamais par
« la violence, enfin pour proclamer éloquemment que
« le christianisme, qui s'était propagé malgré la persé-
« cution des princes, pourrait encore se passer de leur
« faveur, et ne devait s'inféoder à aucune tyrannie.....
« Mais en protestant contre les excès et les abus, en
« blâmant des recours intempestifs et inintelligents,
« parfois même attentatoires au principe et aux règles
« de l'immunité sacerdotale, jamais aucun de ces
« docteurs catholiques n'a douté que ce ne fût le devoir
« des nations et de leurs chefs de faire profession

« publique de la vérité chrétienne, d'y conformer leurs
« actes et leurs institutions, et même d'interdire par
« des lois, soit préventives, soit répressives, selon les
« dispositions des temps et des esprits, les atteintes
« qui revêtaient un caractère d'impiété patente, ou
« qui portaient le trouble et le désordre au sein de la
« société civile et religieuse. »

Saint Augustin, « ce grand docteur, cet homme si
« grave, si modéré, si pratique, et qui avait fait de
« cette question une étude si approfondie », proclamait souvent ce devoir des rois. « Les rois,
« disait-il, servent le Seigneur en tant que rois, quand
« ils font pour sa cause ce que les rois seuls peuvent
« faire. »

Et « les canons des Conciles, les décrétales et les
« lettres des Papes, les capitulaires des princes ont
« continué ce même langage ». Et si l'on dit que les
temps nouveaux réclament une autre doctrine, on
commet une confusion impardonnable entre la vérité
qui ne change pas et le mode d'application qui peut
seul varier. « Nous défions qu'on puisse jamais établir
« à cet égard, entre la doctrine primitive et la discipline
« postérieure de l'Église, d'autre divergence et d'autre
« opposition que celle qui résulte de la diversité de
« l'application selon la diversité des circonstances.

« Au début comme plus tard, dans cette matière
« comme dans presque toutes les autres, la question
« de conduite est venue se combiner avec la question
« de principe. Mais le droit, le principe de l'État
« chrétien, du prince chrétien, de la loi chrétienne, je
« ne sache pas qu'il ait jamais été contesté jusqu'à ces
« derniers temps, ni qu'aucune école catholique ait
« jamais pu entrevoir dans sa destruction un progrès
« et un perfectionnement de la société humaine. »

Jésus-Christ est le Dieu et par conséquent le Roi des
nations ; chacune d'elles a envers lui des devoirs et
tient de lui sa vocation ; la France de Clovis et de saint
Louis a aussi la sienne, et sa royauté, baptisée et
sacrée en Jésus-Christ, a donné le type, le programme
de tout pouvoir régulier au sein des sociétés chrétiennes, qui est de coopérer au salut des hommes, en
proclamant et étendant le règne du Christ : *adveniat
regnum tuum*, prière d'institution divine, que le
chrétien doit dire et pratiquer jusque sur le trône.

Beau programme, disent les libéraux, mais « chi-
« mérique, inopportun, et par suite dangereux...
« L'absolutisme et la théocratie ont fini leur temps,...
« et les chrétiens n'ont qu'à gagner à se montrer
« hommes de leur temps. C'est ainsi, pensent-ils,

« qu'ils réconcilieront l'Église avec la société mo-
« derne. »

Et c'est ainsi, en réalité, qu'ils fournissent à ses ennemis « des armes que ceux-ci n'auraient pas su se « forger eux-mêmes ».

Quoi ! chimérique un état social qui a été celui de toutes les nations et de tous les temps ! Car « où est le « peuple qui n'ait assis la loi et les institutions publi- « ques sur la base de la religion » ? Les païens eux-mêmes croyaient plus facile de maintenir une ville en l'air qu'une société sur un fondement non religieux ; et de nos jours, ne voit-on pas de puissantes nations, principalement l'Angleterre, jouir d'une foule d'avan-tages sociaux, d'une vraie et saine liberté, grâce au lest et au contre-poids qu'elles trouvent dans leur étroite union avec l'Église reconnue, et dans les insti-tutions retenues de la tradition chrétienne ? « Un ordre « de choses historiquement universel devient-il donc « théoriquement et pratiquement mauvais dans le cas « où il est appliqué au service de la vérité ? » Et si nos quatorze siècles chrétiens ne se sont pas écoulés sans discussions et sans conflits, faut-il pour cela répudier le christianisme social ? « Si la pratique générale et « constante du bien n'a jamais fleuri sur la terre, par- « ticulièrement dans les institutions et le gouverne-

« ment des peuples, faut-il abandonner toute théorie
« du bien ? » Faut-il supprimer l'enseignement de
l'Église, parce que les événements, les passions et les
volontés humaines en ont empêché le respect et l'observation entière ? « Appliquée aux particuliers, cette
« règle serait la suppression immédiate d'une partie des
« préceptes évangéliques et des vœux irréalisables
« qu'exprime l'oraison dominicale. Appliquée aux
« nations, elle serait la condamnation, non seulement
« du principe de la politique chrétienne, mais de
« toute la législation mosaïque. Car, nous ne crai-
« gnons pas de l'affirmer, l'histoire à la main, les
« temps et les pays chrétiens ont vu plus de grands
« règnes, des règnes plus purs, plus saints que les
« temps d'Israël. »

Et voilà qu'on crie à la théocratie, chose qui n'a
existé en droit que chez le peuple juif, et jamais, même
en fait, dans les sociétés catholiques. Jésus-Christ n'a
point imposé aux sociétés chrétiennes une loi politique
divinement révélée, une autorité politique surnaturellement constituée, ce qui est l'essence de toute théocratie. Il a seulement prescrit aux nations, aux rois,
aux gouvernements, de le reconnaître comme Dieu, et
son Église comme divine, et d'employer leur puissance à étendre le bienfait du christianisme. Et si c'est

là ce qu'on veut appeler une théocratie, il faut dire
que cette théocratie s'impose aux nations; car un État
qui ne reconnaît pas au-dessus de lui la Divinité, et
à cette Divinité la puissance de révéler des vérités
supérieures à l'homme, de constituer un ordre surnaturel qu'il est de son devoir, à lui État, de connaître et
de servir, ne fait que déifier l'humanité et se déifier
lui-même, c'est-à-dire substituer au règne social de
Dieu et de Jésus-Christ le principe du Dieu-État,
autre espèce de théocratie, absurde et impie, funeste à
la liberté et à la paix sociale aussi bien qu'au salut des
âmes.

C'est vrai, dites-vous, mais le dire est inopportun et
dangereux. — Dites plutôt « que la responsabilité de
« l'évocation périlleuse de ces thèses tombe principa-
« lement sur ceux qui, en accusant inconsidérément le
« passé, en préjugeant trop légèrement l'avenir, en
« acclamant la supériorité des doctrines contraires,
« mettent les défenseurs de la vérité en demeure de
« rompre le silence sous peine de laisser l'erreur pres-
« crire à l'encontre ». Là où vous voyez le danger, là
est l'espérance et le salut.

Les sociétés modernes sont placées dans des conditions anormales. « Les peuples, leurs gouvernements
« surtout, depuis bientôt un siècle, sont atteints du

« mal caduc….. L'acte de foi, qui est la racine même
« de la religion, a été extirpé de la société européenne.
« Voilà le crime capital….. C'est la société publique
« qui a péché et qui périt par l'ulcère d'un naturalisme
« injurieux à Dieu ; c'est à la société qu'il est urgent,
« quoi qu'on dise, de présenter le remède. Le remède
« est en Jésus-Christ. Il est dans l'acceptation sociale
« des principes révélés. »

Il ne faut donc pas fermer les yeux à la vérité. Il ne
faut pas non plus les ouvrir à des fantômes, et voir
dans toute revendication du christianisme social une
attaque aux institutions nouvelles, au gouvernement
parlementaire, une aspiration au retour de l'absolutisme. Le régime chrétien, le droit chrétien, qui est
pour le pouvoir le premier et le plus efficace de tous
les pondérateurs, ne condamne aucun autre tempéra-
ment légitime. Il est le plus sûr rempart de la liberté
et de la dignité des peuples, et pour juger combien il
est antipathique au despotisme, il suffit de voir ce dernier combler d'éloges le christianisme pseudo-libéral,
qui partout lui prépare la voie, car « quand le droit de
« Dieu a disparu, il ne reste que le droit de l'homme,
« et l'homme ne tarde jamais à s'incarner dans le pou-
« voir, dans l'État, dans César ».

On voit combien cet exposé des principes sociaux,

replaçant toutes choses sous leur vrai jour, doit satisfaire les intelligences droites que troublent souvent
tant de malentendus. On ne peut pas dire qu'un évêque qui parle ainsi n'est pas de son temps et n'en comprend pas les besoins. Mais on admire avec lui l'heu-
reuse fortune qu'a le christianisme de procurer seul
la réalité des choses que notre siècle préconise sous des
noms vides et trompeurs ; on voit l'Église « non seulement se concilier avec la liberté, le progrès et la civilisation », mais encore être l'unique source et l'unique
sauvegarde de tous ces biens ; on voit s'appliquer aux
institutions libérales de notre siècle ce jugement de
saint Augustin sur les arts libéraux de son temps, qu'ils
n'ont de conforme à la liberté que ce qu'ils ont dans
leur erreur de conforme à la vérité, et l'on s'associe
volontiers à cette prévision pleine de grandeur :

« L'Église qui, elle, est assistée du Saint-Esprit,
« jettera dans le creuset toute la période révolution-
« naire, avec ses principes et ses conclusions, avec
« ses idées et ses actes ; repoussant tous les alliages
« mauvais, elle en dégagera ce qui a une certaine con-
« formité avec la vérité, et il se trouvera que ce résidu,
« et ce résidu seul, sera conforme à la liberté. »

III

Nous devons nous borner, et ne faire qu'une excursion rapide à travers tant d'écrits ou de discours où la pensée de notre Évêque sur les choses sociales trouve son expression toujours si neuve et toujours si forte. Car il ne négligeait aucune occasion de dissiper quelqu'un des préjugés ou des malentendus qui éloignent les esprits des solutions vraies sur des questions d'une si haute importance.

Panégyriste de saint Louis, de saint Émilien, du Bienheureux Labre, il parle magnifiquement de la royauté de Jésus-Christ, et de ce règne chrétien qui dota la France de la vraie liberté civile, de ce treizième siècle qu'on s'obstine à appeler siècle d'esclavage, parce que la liberté y fut le fruit de la religion, et qu'on n'y trouve pas un violent passage de la soumission et de l'ordre à l'indépendance et à l'anarchie, enfin de ces condescendants, qui n'osent plus défendre les âges chrétiens, et par qui toutes les vérités sont amoindries, « théophantes de je ne sais quelle nouvelle ère « chrétienne », qui rêvent d'assujettir l'Église aux exigences de l'idée moderne, comme autrefois la société laïque et barbare fut mise en harmonie avec l'idée chrétienne.

Les immunités, les droits temporels de l'Église, le libre exercice de sa mission spirituelle, sont-ils compromis ou atteints par l'effort combiné des sectes et des puissances : l'âme de notre Pontife, si étroitement unie à l'Église, s'exhale en protestations pleines de vigueur et d'éclat, en instructions et en mandements, en polémiques officielles, dont les causes et les conséquences, mais surtout l'admirable doctrine, mériteront spécialement d'arrêter nos regards.

Quand paraîtra le Syllabus, l'Évêque de Poitiers en aura d'avance fait le commentaire en ce qui touche l'Église et la société, comme en ce qui touche la raison et la foi. Quand le Concile s'assemblera, il y verra surtout le vengeur providentiel de l'orthodoxie sociale contre les erreurs libérales. Et quand le Concile sera suspendu par l'invasion sacrilège de Rome, il prédira, comme futur achèvement de son œuvre, la proclamation des principes essentiels et invariables qui doivent servir de base aux relations régulières de la société humaine avec l'Église; car « ce serait, dit-il, une injure « à l'Esprit-Saint, de supposer qu'un concile œcumé- « nique, célébré au dix-neuvième siècle, pût demeu- « rer étranger à ce qui est devenu pour la société hu

« maine une question de vie ou de mort ». Et à ce propos viennent de belles et fortes pages, où l'erreur dominante, le crime capital de ce siècle est encore une fois montré dans ce système d'abstention et de neutralité officielles, dans cette prétention d'établir non seulement en fait, mais en principe et en droit, l'indépendance de la société au regard de toute loi révélée et de toute religion positive. Pages écrites au plus fort de nos désastres et qui laissent échapper cette plainte :
« A qui vient-il en pensée, à l'heure présente, de se
« demander si cet effondrement complet d'une grande
« nation n'aurait pas sa cause dans un grand péché
« national ; si l'abandon momentané où Dieu nous
« laisse ne serait pas sa réponse aux systèmes politi-
« ques qui lui donnent congé !... »

Plainte sans cesse renouvelée, principes maintes fois rappelés, depuis ces douloureux événements, pendant ces dix années que dura encore son épiscopat, et qui virent la vérité si souvent trahie, la France menée par tant d'expédients au régime d'arbitraire et d'irréligion dont elle est aujourd'hui victime.

Le préambule du Concile a noté ces chrétiens au sens catholique affaibli, qui forment un milieu si favorable au progrès de l'erreur et de l'impiété. L'évêque, en le commentant, mettra encore à nu cette plaie du

dedans, ce christianisme dit libéral, qui concède la
déchristianisation de la politique, et « systématique-
« ment écarte, supprime, abolit la question divine,
« prétendant supprimer par là ce qui divise les hom-
« mes, et rejetant ainsi de l'édifice la pierre fonda-
« mentale , sous prétexte qu'elle est une pierre
« d'achoppement et de contradiction ».

Que de fois il reviendra sur ce crime d'impiété sociale
que commet sans le comprendre un peuple de bapti-
sés en rejetant obstinément des fondements de la chose
publique la religion du Dieu véritable ! Il le dénoncera
sous quelques noms qu'il se déguise, abstention, neutralité, incompétence, égale protection. Il le reconnaî-
tra malgré telles ou telles dispositions de détail qui
peuvent contredire le funeste principe d'émancipation
posé au fond des choses. C'est de ce point de vue qu'il
envisage les malheurs de la France et le nouvel avenir qui s'ouvre à elle au lendemain de ses humiliations.

Un peu plus tard, il étudie le crime de la société
contemporaine envers Dieu, sous la forme de l'opposition au prêtre et sous le nom qu'elle se donne d'anti-
cléricalisme. Il aborde avec franchise et dépeint avec
une justesse remarquable d'observation et d'expression
cette antipathie, d'autant plus gratuite que le clergé,
dépouillé de toute grandeur temporelle, se renferme

sans regrets et sans arrière-pensée dans ses fonctions spirituelles, et ne prétend exercer que par la persuasion la plus acceptable de toutes les autorités une autorité qui ne se fonde sur rien de terrestre, et dont la transmission surnaturelle est exempte d'irrégularité et d'incertitude. Mais cette haine s'adresse précisément à la hauteur de cette mission sacerdotale qui prétend « opposer dans la sphère des choses publiques les dogmes « divins aux principes humains, les droits de Dieu « aux droits de l'homme, parler au nom du ciel à propos des intérêts de la terre, faire du christianisme la « règle des institutions et des lois, dire le dernier mot « de l'orthodoxie sur les attributions de la science, de « la liberté, de l'autorité ». Et il montre le châtiment « que cette haine porte en elle. Il dit ce qui a manqué dans « l'effort tenté par nos pères durant la dernière « phase du siècle écoulé ». Il y reconnaît plus d'une aspiration vraie et généreuse ; mais il recueille, sur la funeste répulsion dont le clergé est l'objet, les aveux étranges et précieux des plus violents apôtres modernes de la révolution. Il appelle avec tout l'élan de sa charité l'heure de l'entente et du rapprochement ; mais il repousse le vœu malavisé de plusieurs « à qui tout « le mal semble provenir de ce que la Révolution « manque encore de quelques complices ; gens hon-

« nêtes et soi-disant modérés, qui se montrent vio-
« lents jusqu'à la fureur sur ce point », et à qui « le
« breuvage révolutionnaire ne paraît un breuvage de
« mort que parce qu'on ne l'a pas absorbé à dose suf-
« fisante... »

Autant de pages que nous aimerions à reproduire et qui prouveraient une fois de plus que l'Évêque de Poitiers ne condamne qu'à bon escient et avec discernement les tendances de l'esprit moderne.

Une autre année, l'opiniâtreté du mal exigeant celle du remède, trois actes épiscopaux viennent coup sur coup projeter de nouvelles lumières sur les grandes vérités de l'ordre social, sur *l'étendue universelle de la royauté de Jésus-Christ*, sur *l'obligation de confesser publiquement la foi chrétienne*. C'est Jésus, transformant l'exercice du pouvoir, rendant les rois plus doux dans leur autorité et les peuples plus dignes de la liberté ; c'est la double réfutation du libéralisme impie qui veut bâtir la liberté sur les ruines du christianisme, et du catholicisme libéral qui veut élever l'ordre social à côté du fondement chrétien. C'est la doctrine du Syllabus et du Concile du Vatican aussi vieille que celle des Apôtres et des Écritures ; c'est le témoignage de saint Grégoire le Grand, appelant hérétiques les croyants qui refusent d'étendre à tout le règne de Jésus-Christ ; c'est enfin l'enseignement d'un prélat qui n'a jamais prêté à l'accusation banale d'ultramontanisme (1) et qui, dans le milieu de ce siècle, sans attendre le Syllabus et le Concile, dénonçait au point de vue religieux et social le vice fondamental de la chose publique moderne dans deux instructions pastorales pleines d'une éloquenee et d'une logique irrésistibles.

Ainsi, en avançant dans ces derniers volumes, on trouve à chaque pas des trésors de doctrine sociale. Notre évêque a une façon d'envisager le sujet de tout discours, qui les amène naturellement sous sa plume. Il ne pouvait supporter au frontispice de nos lois cette maxime, féconde en révolutions, que le principe de la souveraineté réside dans le peuple : dans l'oraison funèbre de l'évêque du Mans, il lui oppose, condensée en une page lumineuse, la théorie de l'origine du pouvoir. Il suivait d'un œil attentif les manifestations du libéralisme dans la politique, la littérature et l'histoire ; il souffrait de voir des chrétiens diminuer la vérité, parler de haut à l'Église au nom de la société moderne émancipée, et traiter d'illusion dans leurs plus remarquables travaux l'idée de l'alliance entre le

(1) Mgr Fayet, évêque d'Orléans.

Pouvoir et l'Église, se fortifiant l'un l'autre ; il s'en expliqua plus d'une fois avec une vigueur qu'on lui a beaucoup reprochée. On n'a point compris que plus un homme, écrivain ou orateur, est considérable par son talent et même par ses vertus, plus aussi est dangereuse la contagion des erreurs qui se recommandent de son patronage.

Il faut plus de courage pour élever la voix contre ceux qui compromettent la religion en prétendant, en voulant même la servir, que contre ses ennemis déclarés. Mgr Pie eut ce courage. Homme du Christ et de l'Eglise, il ne reculait devant aucune responsabilité lorsqu'il s'agissait de sauver dans les âmes l'intégrité de la doctrine chrétienne en se tenant appuyé sur l'enseignement de l'Eglise, de son chef et de son divin fondateur. La revendication des droits de Dieu et de l'Église dans l'organisation sociale anime tout son épiscopat. Dans ces dernières années, où l'ornière révolutionnaire se creusait de plus en plus pour la France, elle fut plus attristée qu'éclatante. Plusieurs même s'étonnèrent de voir chez lui une attitude contenue, qui était encore de la vertu, de la force d'âme. Il fut d'une vigueur et d'un éclat sans pareils, comme défenseur de la Papauté, pendant les années qui virent se consommer la révolution italienne. L'intérêt que pré-

sente cette part si militante de sa vie nous engage à
nous y arrêter d'abord ; nous recueillerons ensuite les
jugements de ce sage, de ce puissant esprit sur la politique intérieure de la France et son avenir au point de
vue religieux.

CHAPITRE IV

Certes, c'est dans l'histoire de ce siècle une page lamentable que la destruction de la souveraineté temporelle du Saint-Siège sous l'effort combiné de l'esprit révolutionnaire, des armes et de la diplomatie. Dieu a permis pourtant que le principe en demeurât debout, grâce aux résistances et aux revendications si opportunes de celui à qui il en a confié le dépôt; revendications dont il faut s'attendre à voir non la fin, mais le triomphe : car, posées pour l'avenir plus que pour le présent, et renouvelées autant qu'il le faudra pour en assurer l'effet, elles défient toute prescription. Nous n'avons pas la prétention de nous faire ici l'historien de cette lutte inégale où la Révolution opprime pour un temps la souveraineté pontificale victorieuse dans la garde de son principe et de son avenir. Mais nous voulons en ressaisir quelques échos dans la voix du vaillant et puissant Évêque de Poitiers, juger avec lui le brutal accomplissement du fait, la glorieuse revendication du droit, et, tout en admirant la souveraine majesté du Pape en face de ses fils révoltés ou ingrats, mesurer aussi la courageuse dignité de l'Évêque, soutenant, pour avoir poussé un cri d'alarme, la mesquine persécution d'un pouvoir hypocrite et inconséquent.

Lorsqu'on se reporte d'ailleurs à ces années mémorables, on voit un magnifique et universel élan de l'épiscopat pour la cause du Père commun des fidèles; et si le mensonge et le sophisme surent prendre contre elle les formes les plus habiles pour égarer ou endormir l'opinion publique, ce fut aussi un puissant concert de voix épiscopales et laïques pour satisfaire la conscience catholique, l'éveiller et la guider. Les Évêques d'Orléans, de Perpignan, de Nîmes s'y distinguèrent par de remarquables écrits. On aime à suivre encore, à vingt ans de distance, la plume forte, élégante, incisive des Cochin, des Villemain et des Veuillot. Les orateurs ne manquèrent pas non plus; et la cause sainte autrefois défendue par les Falloux et les Montalembert amena à la tribune les Thiers et les Keller, et inspira de nobles accents à d'autres encore, parmi lesquels nous aimons à citer deux honorables représentants du Nord, MM. Kolb-Bernard et Plichon. Cette cause, que le Prince avait faite sienne, l'Empereur la désertait, non pas, sans doute, brusque-

ment et ouvertement, mais sous le masque d'une sollicitude respectueuse, prétendant éclairer le Pape sur
les vrais intérêts de la Papauté, et la sauver de la
rébellion et de l'invasion par le succès donné à cellesci. Il fallut marcher sur des sophismes d'invention
officielle ou officiellement patronnés. Dans cette œuvre
de résistance, de protestation, de réfutation, la part de
notre Évêque fut grande et retentissante; et nous allons
en juger.

I

C'est de Gaëte, c'est de l'exil, que Pie IX, détrôné,
avait placé l'abbé Pie sur le siège d'Hilaire et de Fortunat. C'était un titre de plus pour que l'Évêque s'associât aux tribulations du Pontife suprême; et nous
ne tardons pas à le voir partager et communiquer à
son clergé la douleur, l'indignation, les justes alarmes
que l'ambition et la conduite du Piémont, sa guerre
ouverte et obstinée contre l'Église inspirent à Pie IX
restauré. En 1855, avant que M. de Cavour eût jeté
dans le Congrès de Paris ces odieuses accusations qui
furent le prétexte de la *question romaine*, il y avait

lieu d'être troublé en voyant l'Empire se donner pour
allié et grandir inutilement aux yeux de l'Europe et
en face de Rome cet État persécuteur de l'Église et
ennemi déclaré de la souveraineté pontificale. Avant,
pendant et après le déchaînement de la démagogie à
Rome, avant, pendant et après les généreux efforts de
Pie IX pour doter l'Italie d'institutions libres, ç'avait
été en Piémont une série continue et progressive d'em-
piètements sur le domaine religieux, de lois contre
l'Église, de violences contre les évêques, les prêtres et
les communautés religieuses, de spoliations sacrilèges,
d'atteintes aux concordats, de mensonges diplomati-
ques. Les écrits des évêques soumis à la censure pré-
ventive, tandis qu'on proclamait la liberté de la presse
(octobre 1847); l'influence de l'Église écartée de l'enseignement public (octobre et décembre 1848), la
théologie officielle et hétérodoxe de l'Université de
Turin imposée aux séminaires (mai et octobre 1851),
la loi sur l'*exequatur* royal (25 avril 1848), les immunités ecclésiastiques abolies (9 avril 1850), le projet de loi
sur le mariage civil (12 juin 1852), la loi sur le service
militaire des jeunes clercs et des frères des écoles chrétiennes (24 mars et 23 mai 1853), l'emprisonnement
et l'exil des évêques de Turin, de Cagliari, d'Asti,
le clergé signalé officiellement aux haines populaires,

les ordres religieux supprimés, leurs membres jetés dans la rue, leurs biens confisqués ; voilà une liste incomplète des excès par lesquels le gouvernement piémontais préludait à l'emploi de la diplomatie et des armes contre le gouvernement pontifical. Les « aspirations » qui s'étaient librement et hautement produites au sein des Chambres piémontaises « ne permet- « taient à personne de méconnaître que ce petit État, « en même temps qu'il rompait avec le pontife spiri- « tuel de Rome, n'était point désintéressé dans la « question du prince temporel », et qu'il était « entré « dans la voie par la perspective de la couronne d'Ita- « lie », comme le prédisait Mazzini dès 1846. Enfin « l'admission des troupes sardes dans notre armée « d'expédition avait fait prononcer aux journaux « italiens des demi-mots très significatifs » sur l'attitude du gouvernement impérial dans cette ques- tion.

Ces sentiments et ces inquiétudes oppressaient le cœur de notre évêque lorsqu'au mois de juillet 1855, prononçant la première synodale, il dénonçait avec le Souverain Pontife ces attentats sacrilèges commis dans les États sardes contre l'autorité et la propriété ecclé- siastiques, cet envahissement toujours croissant des droits de l'Église, qui laissent à la communauté chrétienne moins d'autorité sur sa discipline extérieure et ses possessions temporelles que l'Empire païen ne lui en reconnaissait à ses plus mauvais jours, en dehors des persécutions sanglantes. Il s'étonnait de voir ces spoliations rencontrer des apologistes parmi ceux qui se flattent d'occuper les avant-postes du camp de l'ordre et de la conservation. « Mais en vérité, leur « dirai-je, par quel renversement d'idées pourriez- « vous soutenir que la propriété est une chose sacrée « si elle touche à votre propre maison. et qu'elle perd « ce caractère quand elle confine à la maison de Dieu? « Et comment ferez-vous croire que le larcin d'un bien « profane est une faute punissable, quand les choses « consacrées au service de la religion et de votre âme » peuvent tous les jours être usurpées sans crime ? » Il se demandait enfin si le ciel, « après avoir armé les « peuples occidentaux contre l'autocrate schismatique « qui plane sur l'Orient, n'hésite pas à donner la vic- « toire à ceux-là même dont il emploie le glaive pour « sa cause, attendu que les provocations et les menaces « de plusieurs d'entre eux contre Rome, leurs attentats « contre la religion et l'Église, rivalisent avec les « excès qu'ils avaient mission de réprimer ». Le Saint-Siège avisera, ajoutait-il, « et nous savons qu'il n'est « pas plus déshérité de sa force que de sa sagesse. Mal-

« heur aux puissances qui appellent les foudres de
« l'Église sur leur tête !... (1) »

Cet acte, par une coïncidence que son auteur ne
pouvait prévoir, fut publié par les journaux pendant
un voyage du roi sarde en France ; sa liberté et sa
franchise ne furent point agréables ; et sur la plainte
du Piémont, le gouvernement français en adressa de
vifs reproches à l'évêque. Il avait manqué au « patriotisme », méconnu « la cause du bon droit et de la
« civilisation ». Sans doute, il avait bien fait de combattre la mauvaise philosophie ; mais « il importait à
« la religion de séparer son domaine de celui de la
« politique ».

L'évêque opposa à ces réclamations des observations
pleines de dignité et de force (2). Il déclara ne voir
dans la mauvaise politique que la mauvaise philosophie érigeant ses principes en maximes de droit public, et devenant ainsi plus dangereuse, plus nécessaire à combattre. Il ne pouvait d'ailleurs concevoir
comment un évêque français, en reproduisant les
plaintes exprimées par le Vicaire de Jésus-Christ, le
premier de nos alliés en Italie, et en s'affligeant des
doctrines subversives d'un peuple admis à l'honneur

(1) II, 349 à 355.
(2) II, 436.

d'être notre compagnon d'armes, pouvait mériter d'être repris au nom du patriotisme, du bon droit et de la civilisation. Il tirait enfin de ces susceptibilités une raison de vives inquiétudes.

Les incidents du Congrès de Paris ne furent pas de nature à les calmer.

Le comte de Cavour accusant devant l'Europe le gouvernement pontifical d'être radicalement mauvais et incapable de toute réforme sérieuse et sincère, reprochant à l'Autriche l'agitation fomentée par lui-même en Italie, et demandant comme solution provisoire l'organisation séparée des Légations en un vicariat pontifical laïque (c'est-à-dire, dans sa pensée, leur annexion au Piémont) ; l'Angleterre appuyant avec passion ce réquisitoire ; la France laissant soulever, bien que sous une forme atténuée, cette question si étrangère, si contraire même au but du Congrès, contre une puissance non représentée et sans défense ; tout cela n'était pas rassurant pour les catholiques. Il était clair tout au moins que le Piémont, par sa politique irréligieuse, trahissait des vues ambitieuses sur l'Italie, et se faisait l'auxiliaire de la Révolution pour avoir les dépouilles du Saint-Siège et des princes italiens. L'ingérence piémontaise dans le gouvernement des autres parties de la Péninsule avait pu s'affirmer devant l'Europe; le Parlement de Turin exprimait hautement sa satisfaction ; et la presse révolutionnaire et officieuse triomphait, signalant comme « l'étincelle d'un irrésis- « tible incendie » le protocole du Congrès, qui, parlant de mesures de clémence et d'évacuation des États romains, lui semblait « reconnaître les torts des gou- « vernements et justifier le frémissement des popu- « lations ».

C'est dans ces circonstances que Mgr Pie, revenant de Rome, adressa à son clergé une instruction synodale sur *Rome considérée comme siège de la Papauté* ; admirable entretien où s'allie au caractère familier la magnificence de la pensée et du langage. C'est d'abord un coup d'œil profond sur les destinées providentielles de l'Orient et de l'Occident, sur la préparation géographique, historique et politique de Rome comme siège de la souveraineté de Jésus-Christ, comme centre de son action et de son gouvernement sur le monde.

C'est un merveilleux emploi des textes sacrés, des paroles d'Hilaire et d'autres grands oracles des Gaules, sur l'institution de la Papauté comme fondement visible de l'Eglise et son *adhérence* au Christ. Quelles vigoureuses peintures autour de cette grande et surnaturelle image : « Pierre, confesseur de la divi-

« nité du Christ, étendu, couché dans les substruc-
« tions de l'édifice chrétien, portant tout le môle de
« l'Église, et, loin d'en être écrasé, tenant d'une
« main ferme et active les clefs du royaume
« céleste ! »

Puis, quelle justification de la Papauté ! Ne l'a-t-on
pas accusée du schisme d'Orient ? Que de faits répon-
dent pour elle ! Quand à l'Occident, ne doit-il pas à
Rome et au Pape toute sa supériorité ? Peut-il exister
pour l'Europe catholique un autre primat que le Souverain Pontife romain ?... « Dans l'état présent de nos
« sociétés et de notre droit public, un clergé national,
« privé du soutien pratique et immédiat de la Papauté,
« ne tiendrait pas un quart de siècle contre les élé-
« ments de dissolution qui sont répandus partout.
« Rome est l'unique refuge, le seul point d'appui de
« notre foi, de notre hiérarchie, de notre discipline, de
« notre légitime indépendance. »

Le génie romain des temps chrétiens, les autorités
romaines, l'indissoluble union du souverain pontificat
au siège épiscopal de Rome, sont ensuite le sujet de
fortes considérations qui le conduisent à la défense de
Rome comme autorité temporelle. *Papatum Ro-
manum et regalia sancti Petri... defendendum...
contra omnem hominem ;* c'est le serment des Évêques

tel que l'Église l'impose et que l'ont accepté les concordats français.

L'audacieux sophisme , l'étrange blasphème de M. de Cavour disant que le gouvernement pontifical est « mauvais par sa nature », est flétri comme il le mérite. Quoi ! « le pouvoir temporel du Pape, par « cela seul qu'il est forcé de subordonner sa consti- « tution, sa politique, son administration aux prin- « cipes de l'orthodoxie, serait nécessairement en dé- « saccord avec les besoins et les tendances légitimes « des peuples, en opposition avec leur progrès et leur « prospérité ! C'est la négation formelle de la parole « de Notre-Seigneur Jésus-Christ... Pour nous, appuyé « sur l'histoire en même temps que sur la théologie, « nous ne craignons pas d'établir la proposition con- « traire, et nous affirmons que le gouvernement tem- « porel du Pape, ou, pour étendre davantage la pro- « position, tout gouvernement qui tient compte de la « vérité évangélique et de la doctrine de l'Église, tout « gouvernement catholique, en un mot, est en prin- « cipe un bon gouvernement ; et que s'il est sujet, en « fait, aux imperfections et aux abus inséparables des « choses humaines, la gravité en est toujours moindre « et la réforme plus facile.

« Dieu, qui est le Dieu des âmes, est aussi le Dieu

« des peuples... La vraie politique, pas plus que la
« vraie science et la vraie philosophie, ne saurait être
« en opposition avec la vraie religion... Il est philoso-
« phiquement et théologiquement certain que les
« sociétés, en tant que sociétés, sont tenues, comme les
« particuliers, de connaître la vérité, de la chercher, d'y
« adhérer et de s'y conformer ; que si elles ne le font
« pas, le châtiment est inévitable... En présence des
« ruines amoncelées du passé, des problèmes de l'ave-
« nir, poser en principe que le gouvernement athée ou
« déiste est le type achevé du gouvernement humain, et
« que le gouvernement orthodoxe est mauvais dans
« son essence, n'est-ce pas la plus grande témérité de
« parole à laquelle puisse se laisser aller un homme
« qui n'a pas perdu le sens ? »

Passant aux accusations dirigées contre le gouvernement romain, il en fait ressortir la fausseté ; il
avoue seulement qu'à Rome il n'est pas de désordre
qui n'ait sa condamnation dans les principes toujours
vivants qui régissent la chose sociale, tandis que, chez
plusieurs autres peuples, il est à peine un crime et
une erreur qui ne puissent logiquement trouver leur
sanction dans les principes admis en tête de la loi.

« En définitive, Rome n'a d'autre ennemi sérieux
« que l'ennemi commun de tous les intérêts, de toutes

« les sociétés et de tous les gouvernements : la Révo-
« lution ; et cet ennemi, elle le recèle beaucoup moins
« dans son propre sein qu'un grand nombre d'autres
« nations... »

« Emue de l'intérêt douloureux que quelques na-
« tions occidentales lui témoignent, et des conseils
« bienveillants qu'elles prennent la peine de lui
« donner, la Papauté peut non moins justement s'api-
« toyer sur le sort de ces sociétés, et répéter les paroles
« de son Maître marchant au Calvaire : « Filles de
« Jérusalem, ne pleurez pas sur moi, mais pleurez sur
« vous-mêmes et sur vos enfants. »

Enfin, il n'y a pas lieu d'être découragé, si l'on com-
pare les difficultés actuelles que traverse l'Eglise à
tous les assauts qu'elle a subis depuis sa jeunesse :
« Je n'aperçois en face de la Papauté ni la persécution
« du colosse de l'Empire païen, ni les intrigues de la
« cour de Byzance, ni l'imbécillité des derniers Césars
« d'Occident, ni le glaive brutal des Goths, des Van-
« dales, des Hérules et des Lombards, ni l'insolence
« et la rapacité des exarques et des gouverneurs, ni la
« menace dix fois séculaire de l'islamisme, ni l'usur-
« pation laïque des investitures, ni l'intrusion des anti-
« papes et la diversité des obédiences, ni la protection
« gênante ou les prétentions tyranniques des héritiers

« dégénérés du Saint-Empire, ni les factions violentes
« des Guelfes et des Gibelins, ni les rivalités acharnées
« de cité à cité, de province à province, ni les mouve-
« ments populaires aussi fréquents, ni le cri d'indé-
« pendance aussi énergique, ni le pouvoir des tribuns
« aussi absolu sur la multitude. »

II

Un accent de confiance surnaturelle animait donc la fin
de cette œuvre, écrite sur le ton d'un majestueux exposé
et d'une calme réfutation. L'Evêque de Poitiers pouvait
dire encore : « La plus grande maison d'Allemagne
« n'a pas abandonné les voies de saint Henri, ni la
« France celles de Charlemagne ». Et s'il y avait un
juste sujet de tristesse dans les paroles prononcées au
Congrès de Paris, on pouvait éprouver quelque espérance en voyant le baptême du prince impérial resser-
rer les liens qui unissaient la France au Saint-Siège.

Hélas ! en peu d'années, cet espoir devait s'évanouir !

Que se passait-il dans l'âme du monarque français ?
et quelle part eut l'attentat d'Orsini dans les événements qui se précipitèrent trois ans plus tard, et semblent l'exécution d'un plan concerté et habilement dis-

simulé entre la Révolution, l'usurpateur piémontais et le nouveau champion de l'indépendance italienne ? Secret difficile à pénétrer.

Mais on sait que la France devint brusquement l'ennemie de l'Autriche, que le Piémont nous fit son instrument, que nos armes, sous prétexte de mission civilisatrice, lui livrèrent l'Italie, qu'à l'ombre de notre drapeau et de nos victoires, ses affidés, ses officiers même soulevaient successivement les provinces et y installaient sa dictature, tandis que l'Empereur donnait les assurances les plus solennelles à l'épiscopat ; qu'après Modène, Florence, Parme, ce fut le tour des Romagnes ; et que la paix survint, aussi soudaine que la guerre, parce que nous allions être publiquement solidaires de cette politique envahissante et de la Révolution déchaînée.

On sait enfin comment le Piémont interpréta cette paix, accueillie avec autant d'irritation par lui que de satisfaction par la France ; comment il s'empressa de fomenter la révolte et de préparer, par de scandaleux plébiscites, l'annexion des pays usurpés ; comment, de son côté, l'Empereur, après avoir vu son intervention ainsi exploitée, se garda d'intervenir pour le respect du traité, l'abandonnant par degrés, menaçant l'Autriche si elle le violait, le subordonnant pour le Piémont aux prétendus votes italiens. Faire la leçon au Pape, fausser l'opinion publique, telle parut être désormais toute sa politique.

Au Pape, il proposait non plus la présidence honoraire d'une confédération italienne, non plus même l'organisation des Romagnes en vicariat laïque, mais l'abandon pur et simple de ces provinces, pour obtenir du Congrès, qui allait se réunir à Paris, la garantie des autres. Et le Pape, de même qu'il avait protesté contre la rébellion, déclinait ces conseils au nom du droit, du devoir, de la logique et du bon sens, au nom de la grande famille catholique dont ces Etats forment l'apanage, au nom de ses autres provinces qui en seraient durement éprouvées, au nom de tous les princes du monde chrétien, qui seraient plus ou moins ébranlés par le triomphe de principes subversifs de toute souveraineté. L'Encyclique du 14 janvier 1860 faisait connaître au monde cette réponse, comme le *Moniteur* avait fait connaître la lettre impériale. L'*Univers*, pour l'avoir publiée, était supprimé.

En même temps la France était inondée de libelles contre la Papauté. L'un d'eux, *Le Pape et le Congrès*, attribué à la plume de M. de la Guéronnière et à l'inspiration de l'Empereur, jouissait d'une diffusion et d'un retentissement immenses. Comme un autre écrit de même genre et de même origine, publié avant la guerre sous le titre *Napoléon III et l'Italie*, il contenait, sous le voile d'un faux respect et d'un catholicisme dit sincère et indépendant, les théories les plus fausses et les insinuations les plus odieuses sur la souveraineté temporelle du Pape. Pie IX put l'appeler un monument insigne d'hypocrisie et un ignoble tissu de contradictions. Et comme toute désapprobation officielle lui fut refusée, le Congrès manqua.

Le Piémont, la Révolution triomphaient ; les annexions se consommèrent ; et Pie IX, usant de sa suprême puissance, fulmina l'excommunication.

Alors se déroulent les événements lamentables qui marquent l'année 1860, à la gloire de la Papauté et de ses défenseurs, à la honte du Piémont, de ses instruments et de ses complices. C'est la royale résolution de Pie IX, désormais exposé à toutes sortes de rébellions et d'incursions dans ses États démembrés. C'est la formation de cette armée, élite des nations catholiques, sous le plus vaillant des chefs. C'est l'invasion des Marches et de l'Ombrie par les bandes garibaldiennes ; Lamoricière et ses braves, pleins d'ardeur, rassurés contre les menaces piémontaises par les dépêches de la France, puis écrasés à Castelfidardo et Ancône, au mépris du droit des gens, par Cialdini et

Fanti, qui ont l'Empereur dans leur jeu ; protestations officielles, approbation officieuse ; la protection de la France réduite à la ville de Rome par un prétendu principe de non-intervention ; l'honneur chrétien aux prises avec l'hypocrisie révolutionnaire.

La protestation de l'épiscopat s'était unie dès le début à celle du Souverain Pontife ; elle s'était élevée de toutes les parties du monde catholique.

La paix de Villafranca s'annonçait à peine, que Mgr Pie, en son nom et au nom de ses prêtres assemblés en synode, adressait au Saint-Père une lettre qui prit place, avec les témoignages venus de tout l'univers, dans le recueil dressé par son ordre.

« Hélas ! s'écriait-il, peut-on bien dire que la paix
« soit faite ?... La crise actuelle est moins politique et
« internationale que religieuse et ecclésiastique. C'est
« un effort suprême de la Révolution et de l'enfer pour
« introduire les principes de 1789 dans toute l'Italie
« et jusque dans les États de l'Église, afin que l'Église
« n'ait plus ni la pensée ni la possibilité de rétablir
« les principes du droit chrétien dans les sociétés
« civiles... Votre fermeté indomptable déconcertera et
« vaincra tous vos adversaires. Je comprends sous ce
« nom ceux-là mêmes qui se disent et qui ont la volonté
« sincère d'être les protecteurs du Saint-Siège, mais

« dont la dose de christianisme et la portée d'esprit
« ne vont pas jusqu'à discerner le vice fondamental
« des institutions issues du principe irreligieux de 89...
« Et l'histoire dira plus tard que la salutaire résistance
« opposée par Votre Sainteté à la politique malavisée
« des princes d'aujourd'hui aura sauvé et tenu en
« réserve pour leurs héritiers le germe du salut et de
« la régénération des sociétés et des dynasties, inces-
« samment agitées et renversées depuis qu'elles sont
« sous le régime d'une politique sans foi. »

Déjà, dans ce même synode, notre évêque avait eu
avec son clergé un entretien intime, qui peint admirablement son caractère, et dont la lecture offre un
charme et un intérêt puissants. Il s'expliquait avec une
noble et digne franchise sur la réserve qu'il avait gar-
dée au sujet de la guerre actuelle au milieu de l'en-
traînement et de la confiance générale. Il montrait
dans cette guerre la justification de ses craintes anciennes, la clef de ses discours de 1854 et des années
suivantes. Il rappelait les diverses brochures dont la
publication semi-officielle en avait donné le signal et
le commentaire. Il en indiquait « la conséquence fatale
« et prochaine, le détrônement déjà effectué de plu-
« sieurs princes italiens que l'Église compte parmi ses
« enfants les plus dévoués, et l'invasion des États

« mêmes de l'Église. Car, ajoutait-il, la cause étant
« posée, les effets seront plus forts que toutes les pro-
« messes. » Et il déclarait avoir rempli son devoir
d'évêque et de citoyen auprès du chef de l'État en lui
parlant avec respect, mais avec autorité et indépendance, sur cette question d'Italie, dans plusieurs au-
diences, dont la première remonte à la fin de 1855, et
dont la relation, non insérée dans ses œuvres, sera
d'un grand prix pour son historien.

Lors donc qu'il adressait au Souverain Pontife cette
lettre si ferme sur son pouvoir temporel, il avait
depuis longtemps prévu ces déplorables événements
et travaillé à les prévenir. Sa protestation va grandir
avec eux. La révolte des Romagnes après la paix lui
fait élever la voix pour ordonner des prières et justifier de nouveau le gouvernement romain injustement
accusé. Quand paraît la brochure *Le Pape et le Congrès*,
la parole épiscopale n'ayant plus le pouvoir de se faire
entendre que dans le temple, il la condamne solennellement du haut de la chaire, et déclare avec Bossuet,
avec toute la tradition chrétienne, que « la question
n'est pas libre pour les consciences », et que la violation des droits temporels du Saint-Siège n'est pas seulement une atteinte aux lois de la justice, de l'ordre, de
la propriété et de la souveraineté, mais qu'elle « offense,

« en outre, la vertu même de religion, et constitue cet
« outrage à la Divinité qui est connu sous le nom de
« sacrilège ». L'Encyclique, en réponse à la lettre de
l'Empereur, est à son tour l'objet d'un mandement où
sont éloquemment rappelés les témoignages du monde
chrétien, admirablement justifiée la résistance du Saint-
Père, fortement démontré le caractère sacré du temporel de l'Église, depuis les parcelles de terre affectées
au service du temple jusqu'aux possessions qui assu-
rent l'unité et l'indépendance de l'Église en la personne de son chef visible. Un peu plus tard il s'associe
par une lettre vigoureuse à la polémique du courageux
évêque d'Orléans. Puis il redresse le jugement des
fidèles sur le Bref d'excommunication, qu'il est permis, non de publier, mais d'insulter et de travestir.
Enfin ce sont de chaleureux appels pour l'enrôlement
pontifical, et ce magnifique éloge funèbre de Pimodan,
de d'Héliand et des autres martyrs de l'indépendance
du Saint-Siège, œuvre dont nous avons remarqué le
souffle puissant et dont nous pourrions encore détacher tant de belles pages.

Mais poursuivons, et prêtons l'oreille au cri qui va
sortir de cette poitrine d'évêque et de Français, « un
de ces cris perçants, une de ces clameurs sacerdotales
comme les Empereurs en ont entendu quelquefois

depuis les jours de saint Hilaire [1] », qui remua toute
la France catholique et inquiéta l'âme du prince, mais
pour n'en faire descendre, hélas! que poursuites et
vexations contre celui qui l'avait poussé.

III

Les États de l'Église étaient de nouveau démembrés,
et Napoléon III, s'empressant encore d'accepter le fait
accompli à la faveur de sa politique et au mépris des
traités, poursuivait son utopie de la réconciliation de
la Papauté avec la future Italie. Maître souverain des
destinées de l'une et de l'autre, il conduisait sa diplomatie dans la voie fatale qui devait aboutir à la Convention du 15 septembre 1864, c'est-à-dire à l'abandon de Rome moyennant la promesse équivoque d'un
usurpateur décidé à l'éluder sans cesse.

Quant à notre évêque, il avait vu dès le commencement le jeu de l'Empereur ; il lui en avait d'avance
exposé la marche, et il la voyait s'accomplir avec douleur et sans étonnement. Toute vérité avait été dite,
tout mensonge réfuté. Mais l'apparition d'une nouvelle brochure, signée cette fois de M. de la Guéron-

(1) VIII, 224.

nière, et se réclamant d'une autorisation officielle, vint, au commencement de 1861, l'obliger à parler.

Sous le titre *La France, Rome et l'Italie*, c'était un véritable « acte d'accusation contre le Pontife-Roi et « contre toute la hiérarchie catholique qui avait donné « aux actes du Saint-Père des marques constantes de « son assentiment ». Ineptie, entêtement, ingratitude, rien n'y manquait. Il semblait que, à cause de l'énormité du crime qui se préparait, on voulût le rejeter sur la victime elle-même. Et ce libelle, à la joie des uns, à la tristesse des autres, était regardé comme le glas de mort de la souveraineté pontificale.

Mais il faut le voir réfuté et flétri par ce célèbre mandement du 22 février, qui retentit dans le monde entier. « Le mystère d'iniquité se poursuit, N. T. C. F., « et il semble à la veille de se consommer... » Après ce début, plein de grandeur et de fermeté, après avoir montré le sens de la brochure et retourné avec une vigueur extraordinaire l'accusation contre son auteur, après avoir, dans des pages pleines et substantielles, vengé l'épiscopat contre le blâme et contre l'éloge, mettant seuls en présence le parti de Jésus-Christ et celui « de l'antechrist et de l'hérésie, ou de la Révolu- « tion qui est le terme extrême de l'hérésie », Mgr Pie suivait l'écrivain dans l'appréciation de la mission incombant à l'Empereur ; le réfutant par lui-même, il concluait avec une logique irrésistible que « l'élu du suffrage universel ne mentirait point à son origine, mais que, au contraire, il s'y montrait fidèle en maintenant envers et contre tous l'intégrité de la puissance temporelle du chef de l'Église ». Puis, comparant la protestation de l'épiscopat, traitée d'agitation impuissante, à l'action, hélas ! trop puissante des faiseurs de brochures, il stigmatisait avec une merveilleuse justesse ce procédé de gouvernement dans une page demeurée célèbre (1). Et la beauté du langage, le souf-

(1) « Un élément nouveau s'est introduit dans le gouvernement du monde, c'est la brochure politique, la brochure réputée quasi officielle sous le voile de l'anonyme ou derrière la signature d'un nom autorisé. S'agit-il de populariser une idée quelconque, les tuteurs d'office et les conseillers établis de la multitude s'avancent sur la scène ; ils déclarent modestement qu'ils ont entrepris d'éclairer et de former l'opinion du pays. Ils ne s'en rapportent ni à la sagesse des congrès européens, ni aux lumières des grands corps de l'État et des mandataires de la nation ; ils semblent même avoir pour rôle de leur dicter leurs devoirs, et de prévenir ou parfois de faire avorter leurs délibérations, puisqu'ils leur coupent la parole et qu'ils s'adressent au monde par-dessus leur tête. La brochure est annoncée plusieurs jours à l'avance ; les mieux instruits ont chuchoté à mi-voix des confidences mystérieuses ; au signal donné, toutes les trompettes sonnent à la fois ; l'orchestre est au grand complet : l'écrit fait fureur ; il circule en France et à l'étranger, non sans quelques privilèges ; une entente habile s'est établie entre la presse dite conservatrice et la presse dite de l'opposition, entre la presse de la capitale et des provinces et la presse dite étran-

fle de l'inspiration allaient grandissant, jusqu'à ce que, ayant représenté Pie IX de plus en plus roi sur son trône de plus en plus chancelant, et montré dans la Papauté romaine la « clef de voûte du monde euro-« péen, pierre angulaire, pierre sacrée, qui tient à tout « et à laquelle tout tient », au point que nul ne veut porter la responsabilité de sa chute, il arrivait aux interprétations (malheureusement vérifiées depuis) que la brochure avait fait naître. « Les ennemis de Rome ne « disent-ils pas de toutes parts que la brochure est une «.dernière fiction de respect, mais qu'au fond elle ne

gère ; quelques critiques timides, quelques réserves calculées se mêlent à l'éloge : le concert n'a qu'à gagner à cette variété de tons et de modulations. En définitive, le tour est fait : l'opinion est formée. Elle durera ce qu'elle durera : qu'importe, pourvu qu'elle dure jusqu'à l'accomplissement de l'acte qu'on se propose ?

« Or, étant donné l'abaissement progressif de la raison qui résulte de cette forme d'éducation nationale et de tout un ensemble de causes d'énervement intellectuel, nous reconnaissons volontiers qu'il n'y a pas d'énormité religieuse, morale, politique, sociale, qu'on ne puisse ainsi faire accepter aux foules. Une image se présente à notre esprit.

« L'art moderne a découvert d'heureux moyens de suspendre la sensibilité et d'endormir la douleur durant les instants les plus difficiles des opérations chirurgicales. Le père de la médecine l'avait dit dans l'antiquité : *Divinum est opus sedare dolorem.* Mais on comprend ce qu'une pareille invention aurait de formidable, si elle était jamais détournée de sa fin, et si elle tombait aux mains du voleur, du séducteur ou de l'assassin.

« signifierait rien si elle ne signifie pas que, après
« cette protestation finale de bon vouloir, on va pro-
« fiter du premier prétexte qui se présentera, du pre-
« mier incident facile à prévoir ou à faire naître, et
« que Rome sera livrée aux ambitions ardentes qui la
« convoitent ? » Ces conclusions, il les repoussait :
« Non, nous n'assisterons pas à la reproduction d'une
« des particularités les plus odieuses de la Passion du
« Sauveur. » Et il racontait avec une énergique simplicité l'absolution que se donna Pilate en livrant
Jésus et se lavant les mains; il flagellait cet homme

N'a-t-on pas déjà entendu à cet égard d'effroyables récits? Or,
nous n'hésitons pas à le proclamer : si la puissante machine de
la brochure réputée semi-officielle, aidée des cent voix de la
presse, ainsi que des cent bras des lignes ferrées et des fils élec-
triques, devait fonctionner longtemps aux mains malhonnêtes
du machiavélisme et de l'irréligion plus ou moins palliée ; si la
méthode *anesthésique* (c'est le mot de la science) continuait
d'être appliquée sur cette vaste échelle dans l'ordre intellectuel
et moral, l'humanité serait livrée sans défense à ses meurtriers
et à ses corrupteurs. Dès à présent, dans la pensée de certains
hommes singulièrement irrespectueux envers l'espèce humaine,
former l'opinion publique, faire l'éducation du pays, savez-vous
ce que c'est? Eh bien ! c'est à l'aide du vaste appareil qui a été
décrit tout à l'heure, moyennant l'inhalation artistement prati-
quée de certaines vapeurs éthérées et stupéfiantes, se rendre
maître du cerveau d'une nation entière, et parvenir à l'endor-
missement si complet de ses facultés qu'elle ne verra qu'images
heureuses, que rêves dorés et pleins de charme, tandis qu'on
lui amputera sa religion, sa foi, son honneur, et qu'on la dépouillera de ses plus riches valeurs. »

cloué depuis dix-huit siècles au pilori de notre symbole, et terminait par cette fameuse invocation : « Lave « tes mains, ô Pilate; déclare-toi innocent de la mort « du Christ. Pour toute réponse, nous dirons chaque « jour, et la postérité la plus reculée dira encore : Je « crois en Jésus-Christ, le Fils unique du Père, qui a « été conçu du Saint-Esprit, qui est né de la Vierge « Marie, et qui a enduré mort et passion sous Ponce-« Pilate. » Flétrissure suprême que l'Empereur pouvait éloigner de lui en ne laissant pas s'accomplir des prévisions auxquelles l'évêque, d'ailleurs, déclarait ne pas vouloir s'associer.

L'effet de ce mandement fut tel, que le gouvernement impérial eut à cœur de l'affaiblir aux yeux de la foule. Il ne fit qu'augmenter sa puissance en usant la sienne. Pendant deux ans, des rigueurs administratives de toutes sortes grandiront l'évêque en rapetissant le pouvoir, et vaudront à celui-ci de graves et sévères leçons. L'acte épiscopal fut déféré au conseil d'État et condamné par lui ; mais le ministre dut lire, avant et après la sentence, de fortes *observations* qui restent pour témoigner de l'injustice, de l'ignorance, de la maladresse officielles, et qui captivent au plus haut point le lecteur.

Fort des protestations sans cesse renouvelées contre

les articles organiques, « cet appendice irrégulier du concordat », en vertu duquel on prétend le juger dans sa fonction, l'auteur du mandement ne se sent point atteint par la déclaration d'abus. Il en rétablit le sens et les termes contre des altérations habilement calculées; il y montre l'usage d'un droit et l'accomplissement d'un devoir. Il n'a point manqué à l'Empereur en visant M. de la Guéronnière, pour qui « le rôle de « masque entraîne celui de plastron », ni en flétrissant une politique prêtée (non par lui) à l'Empereur, et à laquelle il déclarait ne pas croire, proférant-ainsi « non une allusion offensante, mais un avertissement « grave, solennel, énergique, en même temps qu'une « dernière parole d'espérance ». Il n'a point non plus troublé les consciences, mais les a défendues contre de perfides erreurs sur une question qu'on ne dépouillera pas de son caractère spirituel et religieux, et que la déclaration de 1682 elle-même n'interdirait pas aux ministres de l'Église. Les rois ont beau prétendre ne relever que de Dieu et de leur épée, ils sont toujours réduits à reconnaître que le contrôle de l'Église sur des questions de cet ordre leur vaut mieux que celui de la foule. Enfin il faut renoncer à représenter l'épiscopat comme rêvant de *placer la couronne sous la tiare ou sous la mitre*, ou comme divisé contre lui-même. De toute les parties de la chrétienté sont venues des adhésions au mandement. Et la condamnation officielle de l'évêque, loin de l'amoindrir aux yeux de son peuple, lui a valu, dans ses courses pastorales, des ovations dont il fait au ministre lui-même un piquant récit, d'ailleurs plein de tact et de dignité, en les rapprochant des tracasseries administratives destinées à faire le vide autour de sa personne.

Poitiers a gardé le souvenir de cette quarantaine, de cette surveillance de haute police qui pesa plusieurs annéés sur l'évêché par les soins d'un préfet et d'un procureur général. D'après une injonction du gouvernement, tous les fonctionnaires de toutes les administrations, tant civiles que judiciaires, depuis le grade le plus élevé jusqu'au plus infime, avaient reçu de leurs chefs respectifs la défense formelle d'avoir aucun rapport, même de politesse, avec leur évêque; et l'ordre était exécuté avec une rigueur capable d'inquiéter les moins timides sur les positions occupées par eux; dans plus d'un cas, on put craindre de paraître réfractaire aux instructions reçues, par le seul fait qu'on assistait aux offices de la cathédrale, ou qu'on s'abstenait de parler de l'évêque dans des termes qui répugnent à un chrétien honnête.

Ce zèle immodéré avait parfois de singulières conséquences : il produisit dès le début (que ce fût grossière méprise ou perfide manœuvre) un incident diploma-tique et parlementaire qui fit reprendre à notre évêque la fière plume dont il écrivait aux ministres.

Peu après la déclaration d'abus, le 30 juin, il célé-brait pontificalement dans sa cathédrale la fête de saint Pierre, titulaire de cette église ; et son homélie (1), tirée de l'épître du jour, fut exactement celle qu'il avait prononcée, quelques années auparavant, à Bordeaux. Elle racontait la captivité et la délivrance de saint Pierre, en indiquant, par la traduction d'un commen-taire latin, que les faits eurent lieu sous Hérode, non Hérode l'Ascalonite ou Hérode Antipas, qui régnèrent du temps de Jésus, mais sous un troisième Hérode, Hérode Agrippa, fils d'Aristobule et père d'un qua-trième Hérode qui figure aussi aux Actes des apôtres. C'en était trop. Pour les représentants malveillants du pouvoir impérial, cet Hérode ne pouvait être que Napoléon III. C'est ce qui fut entendu ; et le cas fut jugé digne d'occuper la diplomatie et le Sénat.

Il serait long de raconter l'épisode. Rien ne vaut le récit (2) qu'en fait Mgr Pie lui-même, en se plaignant à M. Billault des paroles prononcées par lui à la tribune.

(1) IV, p. 256.
(2) IV, p. 388.

Résolution arrêtée d'avance de surprendre l'évêque dans son discours; intervention furtive du préfet dans une tribune transformée en poste d'observation; dépêche diplomatique adressée à Rome, qualifiant durement plusieurs prélats français et dénonçant l'homélie; enquête judiciaire sans succès dans la ville épiscopale, insertion de la dépêche au Livre jaune, interpellation au Sénat, philippique de M. Billault: toutes ces choses, sous la plume fine et grave du prélat, forment une pièce curieuse et attachante de l'histoire de ce temps, où le comique ne perd pas les droits que lui donne la nature des procédés officiels. Ne vit-on pas, bientôt après, le ministre de l'intérieur porter devant le conseil général de Niort le projet de démembrer le diocèse !

Il y a d'ailleurs dans ce document plus qu'une apologie personnelle. Le représentant du gouvernement avait dénoncé, en la faussant, la thèse de notre évêque sur le pouvoir temporel, comme s'il y avait mis non seulement un lien de conscience, mais un article de foi ; et il avait cru bon d'accuser avec lui toute une portion de l'épiscopat. De là un magistral et irréfutable exposé de la vérité (1); de là une victorieuse argumentation contre l'étrange idée d'ériger en conseiller de la

1) IV, p. 418.

Papauté l'épiscopat qu'on signale à ses rigueurs.

Cet incident avait duré près d'un an. Peu après, M. de Persigny se livra contre les évêques français, particulièrement ceux de Poitiers et de Nîmes, à des insinuations rendues publiques, qui appelaient nécessairement une réponse. Elle se produisit dans deux mémorables lettres à ce ministre (1), où ses accusations sont serrées de plus près que jamais, où ses explications tortueuses sur les affaires d'Italie sont mises en face des appréhensions épiscopales manifestées dès 1856, où sont enfin placés sous les yeux du ministre de nouveaux et curieux exemples du système de persécution et de délation organisé contre l'évêque.

Que d'épisodes on pourrait rattacher à cette coalition des haines officielles et des haines irreligieuses contre ce redoutable athlète! Il est traqué de toutes parts. Quelle joie si on pouvait soulever quelque scandale autour de ses actes ou de son administration! Mais quand le coup éclate, quel noble langage, quelle digne attitude, opposée aux sarcasmes et aux calomnies d'en bas! Quels admirables entretiens avec son clergé sur l'affaire des reliquaires de Charroux indignement exploitée, et sur celle de ce zouave pontifical

(1) IV, p. 508.

dont il avait voulu honorer la mémoire, le croyant mort pour la défense du Saint-Siège, et renouvelant dans cet élan de sa charité une erreur analogue de saint Grégoire de Nazianze !

Mais il faut nous borner. Du reste, on ne doit pas s'étonner de nous voir concentrer dans cette période de 1855 à 1862 l'étude du défenseur de la Papauté. Car, dès le début, il avait tout prévu, tout combattu; et le coup de tonnerre qu'il fit retentir en 1861 ne lui laissait plus dans la suite qu'à rapprocher de leurs causes les effets qu'il avait annoncés. Ainsi fait-il, quand par le retrait de nos troupes s'exécute la convention franco-italienne du 15 septembre, qui livrait Rome à la loyauté du Piémont et laissait à celui-ci la ressource des *moyens moraux* destinés à faire retomber sur le chef de l'Église la responsabilité de sa totale spoliation. Bientôt, en effet, on voit l'agitation révolutionnaire fomentée dans Rome, et Garibaldi lancé sur le territoire pontifical. L'heure pourtant n'a pas encore sonné, et l'armée française vient prendre sa part dans la victoire de Mentana. Le plan du Piémont est tellement clair, sa déloyauté tellement manifeste, l'explosion du sentiment public tellement puissante, que le gouvernement est contraint de prononcer son fameux *Jamais !* et de laisser le drapeau de la France en Italie.

Un sentiment d'espérance renaît dans les cœurs ; notre évêque s'y associe. Mais, hélas ! d'autres événements qu'il avait aussi indiqués de loin aboutissaient à l'humiliation de la France, à l'abandon et à la sacrilège invasion de Rome. Et, à partir de ce jour, il faut voir en quelles paroles il traduit le deuil de la chrétienté, les souffrances et les revendications du Saint-Père, quels mandements, quels discours, quelles homélies, et, par exemple, cette homélie pascale de 1873, prononcée au retour de Rome et parlant de la Ville Éternelle avec un souffle et une éloquence qui méritèrent les félicitations de Pie IX. Les noces d'or de ce grand Pape, bientôt suivies de ses noces éternelles, l'avènement de Léon XIII, ses premiers actes et ses premiers enseignements, font encore éclater en pages pleines d'éloquence et de doctrine l'amour et l'attachement de l'évêque et du cardinal envers le Saint-Siège, qui devait perdre en lui un de ses plus puissants auxiliaires.

Dans sa guerre doctrinale contre les erreurs philosophiques et sociales, son oreille a été toujours attentive aux enseignements pontificaux, sa bouche toujours ouverte pour les transmettre et les expliquer à ses prêtres et à ses fidèles. La souveraineté temporelle du Pape a eu en lui un intrépide et puissant défenseur; mais sa prérogative spirituelle de Docteur suprême et infaillible de la vérité l'a toujours trouvé disciple fidèle, sentinelle vigilante, champion déclaré. On l'a vu en toute occasion, à propos des solennelles allocutions de Pie IX, à propos de l'Encyclique *Quanta cura*, à propos du Consistoire de 1867. On le verra surtout à propos du Concile dont l'annonce venait de retentir.

CHAPITRE V.

L'Evêque de Poitiers, instruit, un des premiers, du grand projet de Pie IX, s'expliqua discrètement sur l'idée d'un Concile œcuménique à la veille et au lendemain du Consistoire de 1867, dans lequel il fut annoncé pour la première fois.

La presse ennemie de l'Eglise, pour rabaisser l'assemblée consistoriale, feignait de soupirer après le Concile et de croire que le Pape en avait peur ; désormais, disait-elle, on ne le verra plus que proclamant seul ou faisant acclamer par des réunions extraconciliaires, appelées à écouter et non à juger, des doctrines qu'un Concile ne voudrait jamais définir, comme l'infaillibilité pontificale ou les principes sociaux du *Syllabus*. Au milieu de son clergé, Mgr Pie proteste contre ces rumeurs ; il déclare qu'un Concile serait dans les désirs de Pie IX et pourrait se réunir sous les yeux de la génération actuelle. « Reste à savoir, ajoute-t-il,

« si ceux qui plaident aujourd'hui pour le Concile
« n'en seront pas alors les adversaires acharnés. » Et
quand, un peu plus tard, l'annonce en a retenti dans le
Consistoire, il fait ressortir l'accord des évêques sur
l'opportunité de ce grand acte, la conformité de leur
adresse aux enseignements du Saint-Père, et le grand
spectacle offert par la Papauté faisant appel à toutes les
forces réunies de l'Eglise dans un Concile œcuménique, précisément à l'heure où sa suprême autorité
enseignante est le plus unanimement reconnue. Sans
tracer le programme du futur Concile, il se demande s'il
n'aura rien à redouter, rien à souffrir des collusions de
la fausse liberté avec l'ingérence césarienne et l'intrigue
politique. Mai il assure que « l'esprit de Dieu ne se
« laissera pas instruire et gouverner par l'esprit de
« l'homme ; que les principes immuables de la vérité ne
« s'assujettiront point aux caprices de ce qu'on appelle
« les idées modernes ; que le petit nombre d'hommes
« d'Eglise qui, après s'être ralliés, soit par conviction,
« soit par tactique ou par faiblesse, aux fausses idées de
« notre époque, et après y avoir rallié diverses catégories
« d'esprits honnêtes, se flattent d'exercer bientôt leur
« empire dans une sphère agrandie par le moyen du
« Concile, ne tarderont pas à s'apercevoir que la
« hiérarchie catholique, nourrie des traditions du

« passé et assistée d'en haut, n'est pas maniable comme
« les académies et les salons ».

L'année suivante, on le voit signaler comme le
signe le plus expressif des miséricordes prochaines ce
Concile que M. Emile Ollivier venait de qualifier à la
tribune « l'événement le plus considérable depuis la
« Révolution française ». Mais il se garde encore de
dire toute sa pensée sur cet important sujet, à cause
des développements, des éclaircissements, des redres-
sements que rendent nécessaires l'opposition d'un
grand nombre d'esprits et les préjugés de beaucoup
d'autres ; il ajourne cette étude délicate, et c'est au
mois de juillet 1869 qu'il prend le Concile pour sujet
de ses entretiens ecclésiastiques.

Son profond regard y voyait le remède providentiel
aux maux survenus dans l'Eglise depuis le Concile de
Trente, fausse philosophie, gallicanisme, faux libéralisme. Il lui semblait impossible qu'en ce siècle de
rationalisme l'Eglise s'assemblât sans définir en eux-
mêmes et dans leurs relations mutuelles les droits de
la raison et ceux de la foi ; et nous avons vu combien
fut belle au Vatican sa part dans ce grand œuvre. Mais
surtout il ne concevait pas, et les contradicteurs anti-
cipés du Concile ne concevaient pas davantage l'Eglise
s'assemblant pour passer à côté de la question capitale

des temps modernes, les rapports de l'Eglise et de l'Etat, le règne social de Jésus-Christ. Ce Concile, si ardemment souhaité, lui semblait principalement destiné à enrayer le mal dominant de ce siècle, qui est la rupture des peuples avec le christianisme, la sécularisation de tout l'ordre social, en un mot le naturalisme politique et les erreurs libérales qui en sont une forme si dangereuse, et qui, atteintes par le *Syllabus*, semblaient déjà relever la tête.

C'est ce qu'il expose à son clergé en revenant sur cette grande erreur pour en montrer l'importance en quelques paroles saisissantes. « Ce qui est en litige, « c'est l'essence même de la religion, c'est la divinité « du christianisme et de Jésus-Christ lui-même. Dire « que Jésus-Christ est le Dieu des individus et des « familles et n'est pas le Dieu des peuples et des socié- « tés, c'est dire qu'il n'est pas Dieu. Dire que le chris- « tianisme est la loi de l'homme individuel et n'est « pas la loi de l'homme collectif, c'est dire que le « christianisme n'est pas divin. Dire que l'Eglise est « juge de la morale privée et domestique et qu'elle n'a « rien à voir à la morale publique et politique, c'est « dire que l'Eglise n'est pas divine. Dire qu'il y a « deux ordres de doctrines, deux ordres de morale, « l'une qui relève de la religion, l'autre qui relève

« seulement de l'Etat, du prince ou du peuple, c'est
« enseigner le dualisme manichéen. Somme toute, le
« naturalisme politique n'est rien moins que l'apos-
« tasie, s'il n'est même l'athéisme (1). »

Aussi, portant sa pensée sur les difficultés et les
oppositions que le Concile rencontrerait dans son
œuvre, il les voyait venir plus encore du libéralisme
que du césarisme ; ou plutôt il les voyait tous les deux
confondant momentanément leurs thèses, et se coali-
sant pour empêcher toute délimitation ou de l'autorité
ou de la liberté par la doctrine de l'Eglise.

Enfin, il était réservé au Concile d'éteindre ce qui
restait encore de gallicanisme, en tranchant toute
controverse sur la constitution de l'Eglise et les prérogatives spirituelles de son chef.

Pourtant, l'Evêque de Poitiers ne prévoyait ni que
la question de l'infaillibilité serait sitôt abordée, ni
que le Concile serait si court. Il ne pensait pas que
rien serait sacrifié de l'ampleur de cette grande œuvre,
bien qu'il vît de loin se former l'opposition qui devait
rendre ce sacrifice nécessaire.

On sait quelle agitation se produisit, avant le Concile,
contre certaines définitions qu'on s'attendait juste-

____

(1) VI, p. 434.

ment à voir figurer dans son programme, et qui s'im-
posèrent d'autant plus qu'on en avait contesté le fond,
sous prétexte d'inopportunité. On a encore présent le
souvenir de ces manifestes destinés à saisir le public
des questions qui s'annonçaient d'elles-mêmes comme
sujet des délibérations conciliaires, et à former sur elles
une opinion anticipée, téméraire, et, selon toute pro-
babilité, contraire aux futurs décrets du Vatican.

Trois mois avant l'ouverture du Concile, l'Evêque
de Sura livrait à la publicité deux volumes tendant à
représenter la constitution de l'Eglise comme mêlée
d'aristocratie, et l'infaillibilité du Pape comme subordonnée à l'assentiment des Evêques. Profondément
attristé de cette publication, Mgr Pie lui opposa, peu
de jours après, l'expression de la vraie doctrine catholique sur la thèse de l'infaillibilité pontificale (1). Le ving-
tième anniversaire de son élection (substitué, cette fois,
à celui de sa consécration qui serait venu pendant le
Concile) réunissait autour de lui le clergé de la ville
épiscopale. Il parla de l'élection de l'Evêque par le
Pape, source seconde de l'épiscopat, comme Jésus-
Christ en est la source première ; il y montra un signe
de sa dépendance et de sa subordination envers le Saint-

(1) VI, p. 461.

Siège ; il montra comment cette dépendance se concilie
avec le pouvoir de juger des choses de la foi, et s'éleva
contre la prétendue nécessité de subordonner les décisions doctrinales des Papes au libre jugement des
Evêques ; il accumula en quelques pages les raisons
les plus fortes, les mouvements les plus éloquents,
et ce magnifique discours fut, selon l'expression de
Mgr l'Evêque de Laval, la réfutation du livre, telle
qu'il la fallait : « péremptoire, courte, claire, frappant
juste et droit ».

Ce réveil d'un gallicanisme qu'on avait pu croire à
peu près éteint ne doit pas surprendre ; il correspon-
dait très logiquement à l'évolution faite par le libéralisme après l'Encyclique de 1864. Il était clair que
l'école libérale perdrait désormais tout ce que gagnerait la thèse de l'infaillibilité, et ne pourrait plus contester l'autorité souveraine des actes pontificaux sur
les rapports de l'Eglise avec la société civile, si les
définitions du Concile supprimaient finalement le gallicanisme. Or il lui importait grandement de pouvoir
discuter non seulement sur le sens, mais sur l'autorité
du *Syllabus*, qui, malgré tous les commentaires auxquels on l'avait soumis, restait toujours un avertissement solennel, un signe de désaccord, une menace de
censure directe. Ceux qui parlaient contre l'infaillibi-

lité servaient le libéralisme, et les champions du libéralisme étaient nécessairement contraires à toute
définition de l'infaillibilité. Mgr Pie voyait juste quand
il plaçait chez eux le centre de l'opposition, et qu'il
faisait des devoirs de la société civile la grande question posée devant le Concile; celle de l'infaillibilité
semblait ne se poser qu'à cause d'elle et tirer d'elle
toute son importance.

Cette connexion entre les deux thèses éclate dans
l'article célèbre du *Correspondant*, qui suivit d'un
mois le livre de Mgr Maret. Remarquablement écrit
(on ne peut s'en étonner), proclamant hautement le
devoir de tout catholique d'accepter d'avance, quelles
qu'elles fussent, les décisions du Concile, ce manifeste,
publié au nom de la rédaction, prétendait reconnaître
et calmer chez beaucoup de catholiques deux craintes:
celle de voir le Concile concentrer sur le Pape tous
les pouvoirs de l'Eglise et la transformer de monarchie tempérée en monarchie absolue; celle aussi de
la voir proclamer sur l'organisation politique des
peuples des principes contraires aux idées et aux institutions modernes.

Sur ces deux points il affirmait et expliquait sa confiance.

Un Concile vraiment œcuménique, doué de l'in-

faillibilité sans conteste, ne se dépouillerait certainement pas, disait-il, de ce qu'il y aurait d'essentiel,
d'exclusif et de divin dans ses prérogatives. On n'a
point vu et ne verra point établir en dogme une proposition contestée par une partie notable et pieuse de
l'Eglise. On ne verra pas non plus enlever par simple
acclamation un dogme qui demande à être minutieusement défini pour ne pas laisser de doutes sur ses
limites d'application. Enfin le seul fait de la convocation d'un Concile après une interruption si prolongée
et si favorable aux prétentions envahissantes de la Papauté, si elles étaient à craindre, suffit pour rassurer
toutes les préventions ; du moment où les Conciles
auront été une fois possibles, ils seront toujours nécessaires ; et la Revue souhaitait de voir s'organiser la
périodicité et la permanence des Conciles.

Passant à ce qui touche les institutions politiques,
elle ne craignait pas d'affirmer, au nom de l'épiscopat
de toutes les parties du monde, que « le droit commun
« est la seule défense que l'Eglise puisse désormais
« invoquer », que tout privilège de la vérité sur l'erreur a disparu sans retour, que cette épreuve est même
la meilleure à laquelle le monde et l'Eglise puissent
être soumis ; et sous prétexte que, dans cet état actuel
des sociétés, il faut rassurer leur défiance, et ne pas

laisser soupçonner les catholiques de comploter contre elles à la faveur de la liberté qu'elles leur laissent, sous prétexte qu'il faut entrer avec courage dans la vie constitutionnelle, disputer aux faux libéraux l'usage de toutes les libertés, et ne plus placer sa confiance dans la protection d'un pouvoir absolu, on paraissait attendre du Concile tout autre chose qu'une affirmation des droits sociaux de la vérité.

Faisant allusion aux luttes de l'Eglise dans certains pays pour le respect même de sa liberté et de ses concordats, on s'exprimait ainsi : « Tant que cet état « violent dure, il est bien clair que l'Eglise n'a d'au- « tres armes que celles que lui fournissent les libertés « publiques. La lutte, il est vrai, ne durera pas tou- « jours, nous l'espérons bien. La vieille foi, toujours « vivante dans le cœur des populations, fera entendre « sa voix aux gouvernements, et l'Eglise, avec sa « bonté que rien ne lasse, accueillera le moindre indice « de leur repentir. Mais nous avons fait assez l'expé- « rience de cette sorte de révolutions pour savoir à « quelles conditions de pareilles luttes se terminent; « jamais, non, jamais l'acte qui y met fin ne rétablit « le passé dans sa plénitude. Jamais l'Eglise ne recou- « vre, ni même n'exige tout ce qu'on lui a pris ou « contesté... » Ainsi parlait le *Correspondant*.

A ce compte, la liberté même de l'Eglise devrait s'en aller lambeau par lambeau et ne jamais revenir. Nous aimons à mieux augurer de l'avenir des sociétés, et à croire que l'Eglise pourra reconquérir, non seulement sa liberté, mais encore, au moins en partie, la place d'honneur et la protection qui lui est due dans l'organisation politique des peuples. Et précisément, nous ne pourrions l'espérer si l'Eglise laissait s'effacer la notion de l'Etat chrétien, et prendre le fait actuel pour le fonctionnement normal du droit et de la vérité.

Cela veut-il dire, comme on a affecté de l'entendre, « que la vérité ayant seule des droits en ce monde, les « catholiques puissent les réclamer tous, et ne soient « tenus d'en respecter aucun » ? que leur devoir et leur dessein soient de déposséder les sociétés « des « droits qui leur sont chers et dont l'usage leur est « devenu aussi naturel que l'air qu'elles respirent », sans tenir compte, dans cette question de conduite, ni des mœurs, ni des droits acquis, ni du mal plus grand qui peut atteindre indirectement l'Eglise ? Non certes, et le *Correspondant*, qui se vantait de mettre le *Syllabus* d'accord avec ses théories libérales, pouvait moins que personne accuser l'Eglise de méconnaître ces devoirs de conduite dans l'application des droits de la vérité. Pourquoi donc parler si amèrement de l'affirmation de ces droits ? En quoi l'affirmation de l'Etat chrétien, traitant selon les lois de la charité chrétienne les situations qui lui sont soumises, pouvait-il offusquer un catholique ?

Le libéralisme se montrait ici dans son évolution dernière et dans son dernier retranchement ; il prétendait, du double point de vue où il se plaçait, envisager avec tranquillité et les décisions antérieures du Pape et les décisions futures du Concile. Une conviction ardente et généreuse, le désir de voir le triomphe de cette conviction et celui du bien par elle, avaient entraîné ce groupe d'écrivains si éminents et si respectables à faire en quelque sorte la leçon à l'Eglise près de s'assembler.

L'Évêque de Poitiers ne laissa point passer cette pièce si retentissante sans une appréciation sévère; et parlant, dans ses adieux à son clergé, du péché *doctrinal*, dont notre siècle est si coupable et comprend si peu l'importance, il s'affligea, s'indigna pour l'Eglise sa mère, de cette offense voilée sous les formes du respect et de la soumission, de cette opiniâtreté à parler des questions les plus actuelles et les plus importantes, « comme si depuis quatre-vingts ans le Saint-Siège « et l'épiscopat n'avaient rien dit, ou comme si les dé-

« cisions dogmatiques et les enseignements de l'Eglise
« n'obligeaient point les intelligences ».

Enfin, le 11 novembre, parut la lettre fameuse de
Mgr l'Evêque d'Orléans. Tout en ne voulant traiter
que la question d'opportunité, elle était une véritable
défense de l'opinion gallicane. Car elle s'efforçait de
prouver que des *difficultés inextricables* s'opposaient à
la définition, en d'autres termes que l'infaillibilité du
Saint-Siège, ou de la chaire de Pierre, ou du Souverain Pontife définissant *ex cathedra*, n'est pas *définis-
sable*, ce qui revient à dire qu'elle n'est pas contenue
dans le dépôt de la révélation, dans les Ecritures et la
tradition. Et quand le Père Gratry commença la série
des lettres où il la contestait ouvertement, il continua
l'ouvrage de Mgr Dupanloup, de Mgr Maret, et de
l'opposition libérale.

Nous ne suivrons pas plus loin ces tristes agitations
au-dessus desquelles s'éleva l'œuvre majestueuse du
Concile. L'Evêque de Poitiers partit pour Rome, pré-
paré par l'étude et par la prière. Il y fut en vue, d'a-
bord par son nom et sa situation acquise, puis par l'é-
clatant succès de son rapport sur la Constitution relative aux fondements de la foi, enfin par son attitude
indépendante à l'égard des groupes, dont il voulait
n'être ni soldat ni chef, tout en restant un des plus

accessibles, et aussi un des plus résolus défenseurs de la vérité. Les menées de l'opposition soulevaient toute son âme, et il les jugeait de haut, les retrouvant dans l'histoire sacrée toujours les mêmes, parfois à quinze siècles de distance. Elles l'amenèrent par leur violence croissante à se prononcer pour la discussion immédiate de l'infaillibilité. Mais l'idée grandiose qu'il se faisait du Concile l'avait fait hésiter quelque temps sur cette question d'ordre. Un second *schema* exposant la foi, dont le premier avait posé les fondements, était presque entièrement élaboré : il lui était très pénible de le sacrifier. L'infaillibilité pontificale devait ensuite prendre place dans un vaste ensemble sur l'Eglise : il regrettait de l'isoler ; et plusieurs s'étonnaient de voir ce défenseur convaincu de l'infaillibilité hésiter sur l'urgence de la définition. La cause en était dans la grandeur de ses vues. Mais les faits se chargèrent de rendre évident ce qui avait pu paraître douteux ; et l'Evèque de Poitiers ne fut pas des derniers à se rendre. Les débats s'ouvrirent donc. Et ces débats, longs, complets, où l'on entendit jusqu'à cent discours, donnèrent au monde catholique la Constitution *Pastor Æternus*. Le Concile, déjà grand par son premier décret, devint deux fois salutaire. La triste guerre de 1870, la sacrilège invasion de Rome, montrèrent bien que l'Esprit-Saint avait inspiré l'ordre de ses travaux.

Sur son œuvre accomplie et sur son œuvre future, le cardinal Pie nous a laissé de belles pages. La mort, hélas ! nous a privés du travail qu'il projetait sur la deuxième Constitution, ainsi que sur l'histoire du Concile, travail dont il avait ajourné la publication par des raisons de haute convenance, mais qu'il avait la ferme résolution de mener à fin, et pour lequel il avait réuni des matériaux considérables. Ces trésors ne seront pas toujours fermés ; il en jaillira de précieuses lumières.

L'Évêque de Poitiers revint du Concile pour partager les angoisses et les humiliations de la patrie, pour lui dire, aux jours du malheur et du relèvement, de grandes et utiles vérités, et pour continuer de souffrir en apercevant les voies dans lesquelles elle s'engageait. Ce sont ses vues sur l'avenir et les institutions de notre pays que nous allons maintenant exposer à nos lecteurs.

CHAPITRE VI.

I

On pourrait former un remarquable ensemble de considérations sur la France en réunissant tout ce que Mgr Pie a dit sur la naissance, le baptême et les destinées de la nation française depuis saint Hilaire, saint Martin et saint Rémi; sur l'action civilisatrice de ses Evêques, de ses moines et de ses Conciles; sur ses grandeurs et ses humiliations, ses prospérités et ses épreuves; sur la mission de Jeanne d'Arc et le règne de saint Louis, sur l'époque révolutionnaire et les glorieuses luttes de la Vendée, enfin sur la coupable politique du second Empire et les malheurs qui en ont été la suite.

Notre étude serait incomplète si, après avoir parlé du défenseur de la Foi et de la Papauté, nous laissions dans l'ombre le Français, le citoyen préoccupé de l'avenir de son pays. Les aspirations de cette grande âme,

les vues de ce grand esprit, en ce qui touche nos destinées nationales, sont particulièrement instructives à
la suite d'événements qui en ont démontré la justesse.
Et les catholiques de France qui chercheraient où est
le devoir civique à l'heure présente feront bien de mé-
diter les jugements et les prévisions de Mgr Pie sur les
expédients qui, depuis dix ans, n'ont pas réussi à nous
sauver et finiraient par nous perdre.

La perspicacité, la clairvoyance, ce qu'il appelle
avec saint Grégoire « le bouclier de la prescience », fut
un de ses dons les plus remarquables. Nous avons pu
en juger à propos des affaires de Rome; et nous en
trouvons une autre preuve éclatante à propos des
lamentables événements de 1870 et 1871. A deux ans
de distance, il semble déjà les prédire, lorsqu'il expose
dans son synode de 1868 l'état actuel des intérêts de la
société et de l'Église. Depuis que la France très chrétienne a abjuré sa mission et proclamé le divorce entre
la politique et la religion, « nos rivaux ont grandi par-
« tout à mesure que nous nous rapetissions ». La Prusse
« reprend le rôle de l'ancien empire d'Allemagne, le
« rôle pondérateur qui n'avait depuis longtemps ap-
« partenu qu'à nous ». Toutes les nations se mettent
sur un pied de guerre formidable, et la France, menacée de descendre à un rang secondaire, hésite entre la

guerre et la paix, tandis que « l'anarchie, la ruine, le
« pillage s'avancent à vue d'œil sous le couvert des
« fausses libertés dont la revendication insolente et
« l'octroiement impolitique sont le prélude de la
« fin... »

Puis, quand une année nous en sépare encore, il
constate que « la crise avance », qu'elle est « devenue
inévitable », que nous y touchons. « Le régime actuel,
« dit-il, a pu nous donner un assez long bail d'ordre
« apparent ; mais il n'a pu se donner à lui-même le
« principe de la stabilité et de la durée, parce que
« Dieu a été détrôné du rang qu'il y retenait encore...
« L'ébranlement est commencé, et il ne s'arrêtera pas.
« Nous verrons des jours mauvais, de ces jours dans
« lesquels le plus difficile n'est pas d'accomplir le
« devoir, mais de le connaître. »

Un an plus tard, la France était plongée dans le
deuil et dans l'anarchie. Les angoisses et les espérances
de la patrie envahie ont trouvé plus d'une fois en notre
évêque un éloquent interprète. Mais il faut surtout
remarquer la profondeur de ses jugements sur cette
triste guerre. Les principes de l'Evangile et les enseignements de l'histoire lui fournissent sur elle des
aperçus saisissants. Remontant jusqu'à l'éclosion de la
royauté prussienne et aux réclamations du pape Clé-

ment XI contre cette atteinte au droit public de l'Europe chrétienne, et formulant sur ces faits le jugement de l'histoire, il admire « la perspicacité de la Papauté « voulant ainsi refouler à sa naissance un royaume « nouveau, souillé dans sa racine première par le « scandale d'une double apostasie, et qui ne pouvait « prendre rang parmi les grandes puissances qu'au « préjudice de tout l'univers latin ». Il condamne et déplore comme l'acte le plus antifrançais et le plus antichrétien, comme le crime et le malheur légués par le régime impérial, le triste concours prêté par la France aux passions impies de l'Italie et au détrônement de la Papauté, par suite, à l'abaissement de l'Autriche et aux vues ambitieuses de la Prusse ; et plus tard, à Loigny, dans un magnifique langage, il sondera encore toute la profondeur du crime de l'Empire devenu le crime national, pour la mesurer avec la grandeur de l'expiation.

Ses courageux avertissements lui donnaient le droit de porter ces jugements sévères ; et l'on n'a point à craindre davantage de les rapprocher de l'accueil qu'il avait fait au régime impérial lors de son avènement. Ses vues et ses pensées au moment de cette transformation avaient été très librement exposées par lui aux archiprêtres et doyens de son diocèse dans le synode de 1852. Elles sont également éloignées d'une adulation servile et d'une opposition systématiquement défiante. S'abstenant « de placer le grand fait du deux « décembre dans la balance morale du droit et des « principes », il envisageait la situation comme une de ces situations étranges qu'amènent les péripéties révolutionnaires, et qui font accepter aux peuples, comme « un expédient et une ressource de salut, ce « qui avait été réprouvé comme un rêve insensé et « coupable ». Pour la période nouvelle qui allait s'ouvrir, il rappelait le précepte de saint Paul sur la soumission aux puissances. Il voyait une faute immense à décourager des intentions qui seraient bonnes et droites, ou à permettre qu'on pût rejeter sur l'attitude des hommes du sanctuaire des dispositions hostiles à l'Église. Le nouveau gouvernement, trouvant l'immense majorité du pays mieux disposée que jamais à seconder le souverain dans des vues honnêtes, lui apparaissait comme devant être plus coupable que ses devanciers, s'il venait à se tourner contre les intérêts religieux. « Le mouvement actuel, ajoutait-il, a tous « les caractères d'une contre-révolution ; mais le pro- « gramme annoncé sera-t-il et pourra-t-il être exé- « cuté ? Le ferment révolutionnaire déposé au cœur « de notre société permettra-t-il à un établissement

« quelconque de vivre et de durer ? C'est le secret de
« Dieu et de l'avenir. » Il refusait de s'associer aux
horoscopes de perpétuité qu'on prétendait tirer sur ce
second Empire. Et il recommandait vis-à-vis de cet
avenir encore inconnu, et aussi vis-à-vis des citoyens
courageux et distingués qui avaient rendu récemment
de si grands services à l'Eglise et que leur loyauté
allait tenir à l'écart du régime nouveau, l'attitude que
commande le respect des droits de tous et l'honneur du
sacerdoce. Il refusait surtout de jeter l'anathème aux
institutions représentatives, et il repoussait le césarisme, ou, comme on disait alors, l'ère des Césars,
comme devant être infailliblement dans l'avenir ce
qu'elle a été dans le passé, « le régime de toutes les
« oppressions et de toutes les corruptions ».

II

Ainsi le voyons-nous juger successivement les
promesses, puis les actes, et enfin les résultats, avec
une sagesse qui ne se contredit pas un instant. En
1871, la guerre finie, l'insurrection vaincue et répri-
mée, l'Assemblée nationale délibérant à Versailles, le
voici en face d'un nouvel avenir : comment lui appa-
raît-il ? Hélas ! si nous considérons les tristes progrès

du mal révolutionnaire, il nous semble qu'il a le don de seconde vue, lorsqu'il déclare encore imparfaitement connues et fort éloignées de leur terme les grandes crises survenues dans l'ordre social, et qu'il prononce ce mot désolant : « Nous ne touchons pas « encore au fond de l'abîme où nous devons descen- « dre, et d'où la miséricorde de Dieu, espérons-le fer- « mement, nous fera remonter. »

C'est que les calamités publiques n'ont pas touché les cœurs, n'ont pas éclairé les esprits. Les bons sont paralysés par l'absence de doctrine, et la représentation nationale offre à cet égard une fidèle image du pays. Il voit cette Assemblée souveraine, qui devait tout sauver en remettant tout à sa place, frappée, irrémédiablement peut-être, d'impuissance politique, faute de convictions éclairées et de principes définis. Il la voit, « faute d'un homme en qui se personnalise la « majorité, prendre et conserver en dehors d'elle son « ministère, son pouvoir exécutif, abdiquer, remettre « le sort du pays aux mains d'une minorité qui aura, « elle, son homme, son chef, son dictateur, son auto- « crate, subi par les élus de la nation devenue son « jouet, en attendant qu'il devienne lui-même la vic- « time de ceux qui se seront servis de lui. Il n'y a « pas d'homme, s'écrie-t-il avec le prophète, parce que

« la vérité est à terre. Replacez la vérité sur son pié-
« destal : les hommes abonderont aussitôt. Mais c'est
« se consumer en vains efforts que de chercher un
« homme là où n'existe plus un principe. Et sans un
« homme et un principe, aucun régime ne donnera
« l'ordre, pas plus la royauté sans royalistes que la
« république sans républicains. »

La fameuse trêve des partis, accueillie par plusieurs comme la combinaison la plus sage, ne lui faisait pas illusion, et n'était à ses yeux qu'une étape vers le triomphe de l'esprit révolutionnaire. Il ne pouvait concevoir l'ajournement de la question politique de la part d'une Assemblée chargée de reconstituer politiquement le pays. Il souffrait de la voir chercher l'ordre moral en dehors de l'ordre chrétien, et travailler aux détails de l'organisation sociale sans se préoccuper d'abord d'en assurer les fondements.

Le lendemain même des élections qui avaient mis le pouvoir constituant aux mains d'une majorité monarchique et chrétienne, il avait écrit pour le carême une instruction pastorale où il indiquait les conditions du relèvement social.

Laissant percer le doute et la défiance que lui inspirait le langage de beaucoup d'élus, il avait dit que ce serait une faute de réserver l'action pour l'avenir, et surtout de réserver la vérité, de surseoir à la proclamation des principes, d'écarter encore une fois la pierre angulaire et fondamentale dans l'œuvre de reconstruction, pour se contenter de mauvais expédients du quart d'heure, d'évolutions dans la révolution. Ce qu'il voulait des députés du pays, c'était la franchise et la promptitude. « Ce n'est pas l'heure de « parler, c'est l'heure de faire... Qu'on ne se livre point « à de futiles appréhensions ; qu'on ne perde pas le « temps en explications cent fois comprises et con- « venues d'avance. Qui dit pouvoir chrétien, dit « pouvoir tempéré par la religion et par les lois, par les « institutions et par les mœurs. »

Ce programme, c'était la restauration de la royauté chrétienne. C'était avant tout un acte de foi national, l'affirmation publique des droits de Dieu, affirmation sans laquelle règne « par rapport à tous les droits « secondaires une confusion propice aux complots du « despotisme ou de l'anarchie », et qui, d'ailleurs, n'exclut pas « les libertés reconnues, les avantages « attribués » aux nombreuses victimes des dissidences religieuses. « Quand ce n'est pas Dieu qui gouverne « par les hommes, disait-il, toutes les formes du gou-

« vernement sont également mauvaises. » Mais il ajoutait que « les pires de toutes sont celles qui, en « mettant la souveraineté dans le nombre, touchent « de plus près à l'anarchie ». L'affirmation des droits de Dieu exigeait une forme politique capable d'y rester fidèle et non de la détruire ; or, si la forme républicaine n'a rien en soi de théologiquement condamnable, elle n'est que trop, en France, historiquement et pratiquement antichrétienne ; elle l'est « par la ten- « dance tellement générale des hommes de ce parti « que toute exception à cette règle est réputée une « inconséquence (1) ». L'idée républicaine et l'idée antireligieuse s'unissent chez nous dans l'idée révolu- tionnaire aussi logiquement que l'idée chrétienne et l'idée monarchique dans la contre-révolution. Et c'est celle-ci que notre Évêque appelait de tous ses vœux.

Mais l'Assemblée avait suivi d'autres conseils. Inexpérimentés, imprévoyants, timides, fascinés par M. Thiers, dont les circonstances semblaient faire un chef nécessaire sans l'avoir dépouillé de ses vieilles idées, les conservateurs honnêtes et bien intentionnés qui formaient la majorité s'étaient laissé mener, et la France avec eux, bien loin du principe salutaire d'où dépendait l'avenir.

(1) IX, p. 367.

La chute de ce dangereux politique fit pourtant renaître l'espérance déçue, et fut pour notre Évêque le point de départ d'une attente nouvelle, toujours mêlée de défiance, comme on put en juger dès le début (1). Cette porte de salut se referma à son tour : le 24 mai fut rendu stérile par ceux mêmes qui l'avaient jugé nécessaire. « On avait reculé d'un pas devant l'abîme; « on n'avait pas changé de voie : on devait arriver au « même terme. »

Aussi l'Evêque de Poitiers, tout en continuant ses avertissements, assista désormais avec une profonde douleur, mais sans aucune surprise, à ce labeur, à ces crises parlementaires, qu'il envisageait comme un état morbide, qu'il qualifiait d'épilepsie sociale, en souvenir du *morbus comitialis* des anciens. « Encore un an ou « deux, disait-il tristement, et nous verrons à quoi « aboutit une Assemblée dont le programme consiste

(1) « O noble pays de France, depuis quatre-vingts ans tu ne sais plus affirmer ton autorité constituante que pour étaler aux yeux de tout l'univers ton impuissance à rien constituer. En particulier, depuis bientôt trois ans, les nations étrangères regardent avec stupéfaction ce grand peuple qui ne parvient pas à se donner à lui-même un nom, ce peuple posé en l'air et dans le vide, pareillement incapable de la forme républicaine qui lui promet la terreur et la mort, et de la forme monarchique qui lui demande l'obéissance et le respect. » (Discours du 28 mai 1873 au pèlerinage national de Chartres.)

« à organiser avant de constituer. » Il disait encore qu'on ne joue pas impunément avec le germe révolutionnaire. Et tandis que nos prétendus sauveurs rivalisaient entre eux d'impuissance, il leur appliquait cette parole du Prophète qui les peint si bien : « Ils « ont cassé des œufs d'aspic, et tissé des toiles d'arai- « gnée », remparts inutiles contre les ennemis dont ils auront facilité l'éclosion.

Dieu tenu hors de la chose sociale, ses droits et ceux de la vérité systématiquement sacrifiés, l'Etat séparé de Jésus-Christ, en même temps, la France privée de sa royauté traditionnelle et vouée par un fatale inconséquence à la forme républicaine, synonyme pour elle de régime révolutionnaire et antichrétien, telles sont les tristes perspectives qui de bien loin s'étaient découvertes aux yeux de notre Évêque et que nul sophisme, nul mirage de droit commun, de tactique parlementaire, de concessions soi-disant lucratives, ne put lui dérober un instant.

A ce jeu de bascule, à cette action simultanée du bien et du mal, la religion, le grand parti de Dieu, lui paraissait perdre et non gagner. Une franche affirmation religieuse et de saines institutions politiques, capables de donner la stabilité et la durée à l'œuvre du législateur, l'eussent beaucoup plus satisfait que quelques lois posées sur le sable, et portant leur ruine en elles-mêmes, faute de vérité dans leur principe. Il voyait s'avancer la logique du mal, à mesure que les bons reculaient devant la logique du bien.

III

Ce n'est pas pourtant que son cœur et ses lèvres se soient constamment refusés à l'espérance. A certaines heures, cette âme avait besoin de faire taire ses patriotiques angoisses et de chercher dans la situation présente quelques motifs de confiance. Alors *les droits souverains de la miséricorde divine* donnaient des accents plus consolants à cette voix, si sévère et si grave quand elle parlait des *représailles de la justice céleste.*

Il eut du moins une confiance inébranlable dans le triomphe de la cause du Christ. Entendons-le s'expliquer, pendant le jubilé de 1876, sur les signes de découragement que plusieurs ont affecté de surprendre dans ses discours.

« Ah ! si l'on veut dire que nos appréhensions pour
« l'avenir de notre patrie temporelle ne vont point en
« diminuant ; que l'absence de principes qui annihile
« les hommes, qui neutralise les meilleures intentions,

« et fait avorter l'une après l'autre toutes les tentati-
« ves de relèvement, nous paraît être, selon la marche
« naturelle des causes secondes, l'acheminement fatal
« vers une décomposition désormais rapide ; enfin,
« que nous ne faisons guère fond sur les évolutions
« équivoques de ces politiques pusillanimes qui crai-
« gnent également le règne du mal et le règne du
« bien, quand celui-ci n'est pas à leurs yeux le prin-
« cipal épouvantail ; si l'on veut dire cela, nous ne
« nous défendons point de cette appréciation de nos
« pensées et de nos jugements.....

« Mais si l'on veut dire que la cause de Dieu et de
« son Christ nous semble à la veille d'être vaincue, et
« que c'est là l'objet de nos frayeurs, nous nous hâtons
« de déclarer qu'il n'en est point ainsi. Au contraire,
« nous ne cessons de nourrir des convictions et des
« espérances qui procèdent d'une disposition entière-
« ment opposée à celle qu'on nous impute. Et parce
« que, dans l'état actuel du monde, la victoire de la
« cause chrétienne demeure, comme nous l'avons dit
« plus d'une fois, forcément liée au maintien et au
« triomphe de la France catholique, tous les motifs
« qui nous inclinent à penser que nous ne touchons
« pas encore à la catastrophe dernière nous font
« présager un prochain et nécessaire retour des

« esprits vers l'unique et toujours efficace principe de
« salut qui est le principe chrétien..... »

Ainsi, quand la patrie terrestre ne lui offre que des
symptômes désolants, il tâche du moins de relever les
âmes par les espérances de la patrie éternelle ; et c'est
ainsi qu'il s'était écrié, en parlant de la destinée des
élus : « Chrétiens ! chrétiens ! consolons-nous : les
« titres de notre noblesse divine ne seront pas lacérés
« avec ceux de notre dignité nationale ; les fonde-
« ments de notre espérance et de notre gloire sont
« placés trop haut pour être atteints par les grands
« coupables, j'aime mieux dire par les ambitieux et
« les téméraires, par les ignorants et les incapables,
« qui ont tout réduit ici-bas à l'impuissance et au
« déshonneur..... »

Le réveil de la foi catholique dans les âmes, les
grandes affirmations de cette foi, les manifestations
inspirées par elle, enfin et surtout le providentiel
mouvement de cette époque vers l'association catholique ouvrière et vers l'étude des questions sociales
dans le sens chrétien, lui apportèrent de vives conso-
lations, et trouvèrent en lui un aide toujours puissant
et dévoué. Il leur prête le charme et l'éclat de sa
parole. C'est par un de ses plus beaux discours que se
clôt en 1873 le pèlerinage national à Notre-Dame de

Chartres, et l'on y trouve de profondes vérités sur l'état
du « noble pays de France ». Il préside à Poitiers un
des premiers congrès d'associations catholiques ouvrières, où il expose admirablement l'intime union de
la foi et des œuvres. Il bénit et encourage dans sa ville
épiscopale la naissance et les accroissements d'une des
plus belles œuvres ouvrières de France, et celui qui
écrit ces lignes peut dire combien sa protection fut
précieuse à l'œuvre et à son admirable directeur au
milieu des difficultés de la fondation. On le voit encore
dans d'autres villes de son diocèse, à Parthenay, à
Châtellerault, appeler les bénédictions divines sur la
jeunesse ouvrière, et lui parler de Jésus ouvrier en
termes à la fois simples et élevés, mais surtout appro-
priés au mal dont souffre la France. Il se fait entendre plus tard au Congrès général du comité des cercles
catholiques d'ouvriers, en une improvisation où les
pensées les plus profondes sont présentées sous les
formes les plus gracieuses et les plus spirituelles. Enfin
il faut voir quel beau et puissant langage lui inspirent
les Congrès catholiques dans une de ces grandes
assemblées tenue à Poitiers en 1875.

A cette dernière date se place une de ses œuvres les
plus chères, dont il avait depuis longtemps conçu
l'idée et jeté les fondements. Faire revivre dans son

ampleur l'antique Université de Poitiers par un foyer de hautes études théologiques, avait été une des premières pensées de son épiscopat. Déjà depuis vingt ans un jury provincial, ayant à Poitiers son centre habituel, décernait canoniquement les grades de baccalauréat et de licence, quand fut annoncée la discussion prochaine d'une loi sur la liberté de l'enseignement supérieur. Le moment était venu de compléter l'œuvre commencée. Des professeurs distingués de Rome furent envoyés vers lui. De leur nombre fut le docte Père Schrader, dont l'enseignement oral et les travaux écrits, malheureusement arrêtés par la mort, donnèrent déjà un renom à l'école naissante. Et au moment où l'enseignement supérieur était déclaré libre en France, la Faculté de théologie de Poitiers était en mesure d'obtenir de Rome l'institution canonique. Son fondateur la destinait non seulement à la jeunesse sacerdotale, mais aussi à une élite d'étudiants des autres facultés poitevines, phalange sans cesse renouvelée de jeunes hommes destinés aux carrières publiques. Il souhaitait pour eux l'union féconde des connaissances théologiques et juridiques, l'étude de la philosophie chrétienne, selon saint Thomas, du droit canon, qui touche à toutes les questions les plus vives, à tous les problèmes les plus actuels de notre état social. Persuadé que l'objectif de l'homme d'État chrétien doit être de respecter l'intégrité des principes là même où ils ont momentanément cessé d'être applicables, et de ne livrer jamais le plus petit atome de la vérité catholique à travers les compromis ou les moyens termes rendus parfois nécessaires, il considérait comme un grand moyen de salut social l'entrée dans les fonctions publiques, dans les assemblées politiques, d'hommes supérieurs fortement nourris de la science du droit appuyée des principes dont l'Eglise est demeurée seule dépositaire.

Mgr Pie avait donc à cœur de mettre à profit, dans toute la mesure où il le pouvait, cette précieuse liberté de l'enseignement supérieur que nous léguait l'Assemblée nationale à l'expiration de son mandat. De cette loi et d'autres encore il remerciait la Providence et les hommes qui avaient été ses instruments. Il se défendait avec énergie d'être « de ces abominables « *ultras* qui ne connaissent et ne pratiquent que l'in- « gratitude », et il étendait sa reconnaissance même aux adversaires qui, sans ménager à l'Église les accusations pénibles et les paroles dures, s'étaient pourtant montrés assez conséquents avec leurs principes de liberté pour ne pas lui en refuser le bénéfice. Il voyait dans cette solution un commencement de justice. Et surtout il repoussait cette idée, soutenue par quelques coryphées du libéralisme religieux, que ceux qui, invoquant les droits divins du christianisme et de l'Église, refusent de souscrire à la théorie de la liberté égale pour tous, dussent loyalement se récuser d'en accepter leur part pour eux-mêmes.

Mais aussi avec quel soin le gardien de la vérité rétablit les droits supérieurs de l'Église méconnus ou compromis dans la discussion et la défense même de la loi ! En même temps qu'il expose à son clergé assemblé le bien qu'elle permettra d'accomplir, il ne veut pas que les fausses doctrines émises au cours du débat législatif paraissent recevoir de lui une approbation due à la vérité seule, et il pose avec une vigoureuse netteté les réserves nécessaires.

On voit ainsi plusieurs orateurs passer sous sa critique, et leurs idées ou leurs paroles recevoir en quelques lignes la réfutation ou le correctif qu'elles méritent. C'est la théorie désormais célèbre du député Jules Ferry : en face de l'Etat laïque, « laïque dans son essence comme dans tous ses organes », émancipé de toute doctrine et de toute autorité surnaturelle, il y a des droits pour l'individu, mais non pour l'Eglise catholique, comme telle ; et les droits de l'Etat s'étendent à toute fonction que les particuliers ne peuvent remplir faute de ressources matérielles ou intellectuelles. Donc, l'individu livré à l'Etat pour tout ce qui dépasse ses propres ressources, donc pas de droit d'enseignement, ni pour l'Eglise divinement instituée, ni pour les associations approuvées par elle ; pas d'enseignement libre, d'enseignement catholique, « sinon lorsque le père sera assez riche pour appeler un précepteur dans sa maison ». C'est le commentaire de l'évêque ; mais ne croit-on pas entendre déjà le futur ministre de l'instruction publique ?

C'est ensuite la thèse de M. Edouard Laboulaye, rapporteur, qui, pour donner la liberté, non à l'Eglise comme Eglise, mais également à tous les citoyens, ne craint pas de déclarer *fatal* le jour où le pouvoir politique est devenu chrétien et s'est pénétré des préceptes de l'Evangile. De ce jour-là dateraient les hérésies, les guerres civiles, les guerres religieuses, comme si l'on n'avait point vu d'hérésies avant le pouvoir « constantinien » de l'Eglise, ni de calamités sociales depuis le règne des principes de 89.

Les condamnations formelles de l'Eglise se dressent contre de telles paroles. Non, « cela n'est jamais fatal « en soi, qui est dans la nécessité de l'ordre et dans « les exigences de la vérité. La transformation chré- « tienne du régime social devait logiquement suivre

« celle des membres individuels de la société, et l'épa-
« nouissement de l'Evangile devait avec le temps
« amener la conversion des Césars comme Césars et
« non seulement comme particuliers. Eterniser le mur
« de séparation entre l'homme privé et l'homme
« public, c'eût été installer dans le monde le système
« du dualisme manichéen qui est l'erreur principale
« contre laquelle sont dirigés les premiers monuments
« de la polémique chrétienne ».

En face d'un dédain si insolent ou d'une appréciation si étrange des droits de l'Eglise, Mgr Pie aimait à rencontrer, comme actes conservatoires de la vérité catholique, les discours éloquents d'orateurs tels que MM. de Belcastel et Chesnelong. Pour d'autres, il pensait ne pouvoir les citer sans dire en quoi leur langage eût demandé à être atténué pour ne point paraître une adhésion doctrinale à des principes condamnés par l'Eglise. Enfin, à propos du jury mixte, il admettait qu'on subît cette combinaison à titre de *minimum*, non qu'on l'acceptât comme *parfaitement équitable* et comme faisant *la part de chacun et de chaque chose*.

Déjà, vingt-cinq ans auparavant, il avait dit sa pensée sur une grande loi d'enseignement, et sur le conflit d'opinions qu'elle soulevait. Et il avait su allier la reconnaissance du bienfait avec les réserves imposées par certaines dispositions de cette loi de transaction.

Il restait fidèle à cette ligne de conduite en remerciant le législateur de 1875 de la nouvelle brèche faite au monopole universitaire, sans dissimuler pourtant l'étendue plus grande des revendications que l'Eglise est en droit d'élever. Il tenait compte aux orateurs qui défendaient la bonne cause des périls de l'improvisation et des nécessités de la tribune. Mais il ne voulait pas que la vérité fût directement contredite sans protestation. « L'Eglise, disait-il, ne veut pas se « laisser engager envers des principes qui ne sont pas « les siens; et elle sait que l'avantage équivoque et « précaire du quart d'heure ne doit en aucun cas être « acheté par un sacrifice de sa doctrine ou de sa dis- « cipline, qui serait un démenti à son passé et une « arme fatale contre elle dans l'avenir. »

La gratitude inspirée à notre Évêque par ce dernier acte de l'Assemblée était surtout traversée par les appréhensions de l'avenir. Cette loi et tant d'autres dont nos représentants avaient doté la France pouvaient-elles compter sur quelque durée ? Nous commençons à le savoir : nous savons quelles élections se sont succédé, quel sort a subi l'aumônerie militaire, quels coups a reçus et reçoit encore l'enseignement libre. C'est ce que Mgr Pie apercevait nettement dans un avenir plein de reproches pour l'Assemblée de 1871 (1).

IV

Quelques mois après, en effet, la prépondérance gouvernementale passait aux mains des ennemis de l'Église. Et cette révolution nouvelle (car c'en était bien une) lui donnait l'occasion de faire entendre à son clergé de nouveaux conseils pratiques. Avec la sûreté et la précision de l'homme qui a tout exactement jugé jour par jour, il retraçait, en les rapprochant des vœux exprimés dans son instruction de 1871, les combinaisons politiques dont on commençait à goûter le fruit amer. Jamais on ne pourra mieux décrire le chemin par lequel nous tombâmes en république :

(1) « Cette Assemblée, expression incontestable des besoins du pays qui l'avait élue, aura-t-elle accompli l'acte capital d'où dépendait le salut du pays ? En lui sachant gré de plus d'une loi de détail inspirée par des sentiments dignes d'elle, l'avenir ne lui reprochera-t-il pas de n'avoir point donné à la chose publique l'assiette faute de laquelle tout le reste est caduc et éphémère ? Est-ce assez de poser avant le départ quelques meubles et ustensiles précieux dans la maison, quand on n'a pas assuré la maison elle-même, ou plutôt quand on va sortir en laissant toutes les portes ouvertes à des forcenés déjà armés pour tout détruire ?... »

« On crut être habile en se jetant dans un dédale de
« combinaisons qui étaient le contre-pied de l'habileté.
« Ces monarchistes, imbus des idées de leur temps, ne
« l'étaient guère que de nom ou de sentiment : ils ne
« l'étaient pas de principe et d'action. Aussi l'un de
« leurs premiers actes fut d'accepter le mot de répu-
« blique : étrange point de départ d'une Chambre que
« tous disaient avoir été nommée en haine du régime
« républicain. Je sais bien qu'en adoptant le mot, on
« protesta qu'on n'entendait pas adopter la chose ;
« mais le mot conduisait malgré tout à la chose. Quel-
« ques mois plus tard, en effet, le chef de ce régime
« provisoire, comme prix de la rébellion vaincue et
« de Paris reconquis sur la Commune, désira être qua-
« lifié Président de la République : qualification qu'on
« lui avait contestée et refusée jusque-là. On s'y prêta
« de mauvaise grâce, mais enfin on s'y prêta, tout en
« protestant de nouveau que ni le mot ni la personne
« n'impliquaient la chose : le langage du rapporteur
« était un chef-d'œuvre de cet esprit parlementaire qui
« comporte des insanités et des illogismes inadmissibles
« partout ailleurs. En réalité, le mot et la personne
« conduisaient si inévitablement à la chose, que la
« personne même ayant été changée par opposition à la
« chose, cette chose, c'est-à-dire la république, a été

« proclamée sous le gouvernement de son successeur.

« ..... Monarchie sans roi, république sans répu-
« blicains aux affaires : c'est sur ce terrain que se sont
« faits les accords d'où est née la situation présente,
« c'est-à-dire l'avènement légal de la République.

« ..... Les faits étant ce qu'ils sont, concluait-il,
« l'état de république s'impose présentement à nous et
« nous impose des devoirs envers lui. Nous les accom-
« plirons loyalement. »

Nous retrouvons là la règle de conduite qui a toujours présidé aux relations de l'Église avec les gouvernements de fait, tant qu'elles demeurent possibles. Et
l'Évêque de Poitiers ne pouvait comme évêque manquer de s'y conformer. Mais de la république il déclarait n'attendre « qu'opposition au catholicisme, à
« l'Église, à sa doctrine, à ses institutions, à ses œuvres
« d'apostolat et d'enseignement » ; et il revendiquait
hautement le droit de garder intactes ses convictions
personnelles. C'étaient, nous l'avons dit, celles d'un
royaliste déclaré. Comme catholique et comme Français, il ne cessa de vouloir la restauration d'un pouvoir chrétien, fort et tempéré, puisant sa force dans le
droit et la tradition, non dans le caprice populaire, et
capable ainsi de maintenir les droits de l'Église et
ceux des citoyens au-dessus des passions de la foule ;

je veux dire qu'il ne cessa de vouloir la royauté chrétienne et traditionnelle.

Il n'était pas de ceux qu'aurait pu séduire la thèse de la neutralité politique et de la lutte exclusivement religieuse. Il n'était pas de ceux-là, et il en serait moins que jamais aujourd'hui. Ce qu'il avait dit à ce sujet dès 1855 (1), il le rappelait et le confirmait à la fin de 1876 (2). Dire « que la religion n'a rien de commun « avec la politique » lui semblait « la chose la moins « sensée du monde », car « la religion ne peut exercer « son action sociale qu'au profit d'une société constituée

(1) « La thèse de la neutralité politique ne sera jamais qu'une vaine formule. Quiconque s'épuise à vous dire qu'il n'a pas d'opinion politique et que le mieux est de n'en pas avoir, termine rarement son discours sans vous démontrer qu'il en a une mauvaise et qu'il veut vous la faire partager. » (II, 3o.)

(2) « N'entendez-vous pas ses battements de mains (il parlait du monde hostile à l'Eglise), quand il se persuade avoir surpris dans nos rangs une dissonance ? Par exemple, s'il croit apercevoir dans les discours ou les écrits de quelques-uns de nos frères la négation du droit appliqué à l'ordre social, la reconnaissance du pouvoir qu'auraient les sociétés d'altérer sans cesse les conditions d'existence que la Providence impose aux peuples en les constituant, enfin l'assurance que l'instabilité des pouvoirs, le bouleversement des institutions est « ce qui importe le moins à l'Eglise », et que l'indifférence politique est un article de son symbole : aussitôt ce sont des chants de victoire répétés par les mille et mille organes de la presse mécréante... Non, non, ni nos frères ni nous ne serons jamais complices de ceux avec la cause desquels nous ne voulons à aucun prix que notre cause soit confondue. »

« et organisée », et « tout est précaire, tout est instable, « dans un pays qui a rompu avec la tradition (1). » En qui vivait cette tradition nécessaire ? Il saura le dire en termes admirables aux obsèques de M. le comte de Monti, et cela sans sortir de la réserve imposée à son caractère d'évêque.

On venait d'entrer dans cette crise qui s'appela le 16 mai. Et nous devons dire que « ce coup d'État » lui parut dès le début devoir être « un coup d'épée dans l'eau » et empirer la situation ; car, disait-il à ses prêtres, « un coup d'État ne se fait point *contre* quelqu'un « ou quelque chose, mais *pour* quelque chose incarné « dans quelqu'un ». Et il leur recommandait tout à la fois « l'union avec les gens de bien » pour que l'insuccès ne leur fût point imputé, et l'abstention de toute action militante, que le gouvernement d'ailleurs, loin d'en être reconnaissant, eût déclinée comme un embarras.

L'heure était venue où le torrent révolutionnaire allait déborder, où toute âme honnête allait se trouver soulevée par le spectacle d'une guerre hypocrite et lâche des parvenus de la politique contre la religion.

(1) Discours du 21 août 1873 au Congrès catholique de Poitiers.

Une majorité mécréante, usant de force et de ruse et spéculant sur toutes les mauvaises passions, allait se faire l'exécutrice opportuniste et habile du programme des sectes impies contre la foi et la morale chrétiennes, et lui immoler les droits et les libertés les plus nobles. On allait assister aux destructions annoncées.

Grande allait être, en face des représentants d'un pareil régime, la difficulté pour un représentant de l'Église de ne compromettre dans sa conduite aucun des intérêts sacrés qui lui sont confiés. L'Évêque de Poitiers ne faillit point à ce devoir. Sa grande âme ressentait profondément les triomphes du mal ; mais elle savait aussi soutenir sans compromission les relations nécessaires avec les agents du pouvoir. Ses manières nobles et grandes, les ressources inépuisables de son esprit, l'aidaient à les dominer sans les écraser, à ne jamais livrer un principe, à faire même entendre parfois dans ces entrevues de sérieuses leçons. Il ne pouvait manquer de gens malintentionnés ou mal renseignés, d'esprits étroits et superficiels, pour voir dans la courtoisie de ces rapports officiels autre chose que l'accomplissement d'un dur et pénible devoir. Mais, homme de l'Église avant tout, il mettait au-dessus de ses préférences personnelles l'intérêt des âmes confiées à ses soins, et, puisant ses inspirations aux sources les plus élevées, il se laissait accuser de faiblesse ou de découragement dans les égards ou les silences qui lui coûtaient les efforts les plus héroïques.

Ceux qui, à l'apparition du fameux projet Ferry, s'étonnèrent que sa protestation se fît attendre n'en surent pas chercher la cause où elle était en réalité, dans la déférence et le respect hiérarchiques. Le vénérable métropolitain de Bordeaux avait dès les premiers jours parlé seul au nom de toute sa province ; sa lettre avait une forme trop personnelle pour être signée collectivement ; il s'opposait cependant aux manifestations individuelles ; notre Évêque dut, par égard pour lui, attendre ce que feraient les autres suffragants (dont trois résidaient aux colonies) ; puis, la rentrée prochaine des Chambres le décida à rompre le silence par une adhésion individuelle et publique. A ce moment, elle ne pouvait être ni longue ni retentissante ; mais elle annonçait l'intention, s'il le fallait, de « reprendre et continuer pour sa part » les réclamations dont l'unanimité venait de se manifester.

On voit ainsi combien il se faisait violence à lui-même, et combien il faisait entrer dans sa conduite l'humilité, l'obéissance, l'esprit de discipline, vertu essentielle de l'homme qui combat.

C'est bien un combattant qu'il croyait et qu'il vou-

lait être en effet. Il avait enduré les luttes intérieures,
perfectionné en lui les vertus épiscopales, pour être
en tous points un évêque militant de l'Église militante.
Un an après il le fit bien voir, lorsque, revêtu de la
pourpre romaine, gage suprême de la confiance du
Souverain Pontife, il éleva la voix dans sa cathédrale
contre les odieux décrets du 3o mars dont la honte
pesait sur la France.

« A l'heure qu'il est, non point par un accident for-
« tuit et accidentel, non point par un emportement
« subit de violence imputable à celui-ci ou à celui-là,
« mais comme évolution progressive et comme déduc-
« tion logique de maximes sacrilèges élevées à la hau-
« teur de principes et de dogmes sociaux, à l'heure
« qu'il est, Dieu est sommé de céder sa place à l'homme,
« de lui transporter sa souveraineté, de soumettre son
« Décalogue et son Évangile aux révisions de la loi
« humaine, de se dessaisir de la part qu'il s'était ré-
« servée sur le temps et sur l'espace pour le service de
« son culte, en un mot, de renoncer à tous ses droits,
« désormais annulés par les droits de l'homme. Et
« parce que l'Église est ici-bas la personnification de
« l'ordre divin, voici qu'elle est menacée, qu'elle est
« atteinte dans tous ses représentants et ses organes,
« dans les diverses formes de son action et jusque

« dans les conditions essentielles de son recrutement
« et de son existence. Ses plus généreuses milices sont
« condamnées à périr. Comme au temps d'Esther, le
« jour où l'édit a paru a été un jour de ténèbres et de
« péril, de tribulation et d'angoisse, et une immense
« frayeur s'est répandue sur la terre. Toute la nation
« des justes est dans le trouble à l'aspect des maux qui
« l'attendent et du sort qu'on lui prépare. Seigneur,
« mon Dieu, nos propres péchés ou nos entêtements
« d'erreur s'opposeront-ils à ce qu'elle soit exaucée, la
« prière qui de tant et tant d'âmes s'élève vers vous,
« notre unique libérateur ? Cette clameur unanime de
« toute la hiérarchie épiscopale et de toute la tribu
« ecclésiastique, ce cri de détresse de tant de pères et
« de mères jaloux de la liberté des écoles où sont éle-
« vés leurs fils, cette confiance à la fois résignée
« et résolue de plusieurs milliers de sectateurs de la
« vie parfaite, est-ce que tout cela ne montera pas
« jusqu'au trône de votre miséricorde et de votre toute-
« puissance ?

« Mais non contents de recourir à vous qui êtes le
« maître des maîtres, nous aussi, à l'exemple de notre
« glorieux devancier, et en nous appropriant ses propres
« expressions, nous oserons nous adresser respectueu-
« sement aux pouvoirs d'ici-bas. Ce n'est pas sous un

« régime d'institutions libres qu'on voudrait nous
« reprocher d'avoir redit des paroles que l'indépendance
« épiscopale pouvait faire arriver aux oreilles des Césars
« du quatrième siècle.... » Et la simple traduction du
texte d'Hilaire parlant à Constance lui fournissait à
l'adresse du pouvoir un éloquent plaidoyer pour l'enseignement libre (1).

Ces paroles d'une vigoureuse et sainte énergie, où
l'athlète semble se redresser dans toute sa hauteur,
méritent de clore cette étude comme elles ont clos cette
grande vie. Elles étaient l'annonce de nouveaux combats, et l'impression qu'elles produisirent fut immense.
Au milieu du trouble et de l'abattement qu'il avait si
fortement dépeints, on éprouvait une consolation indi-
cible à sentir vibrer dans ce discours l'âme indomptable du successeur d'Hilaire, et à penser qu'Israël
assiégé avait toujours sur son rempart ce veillant si
bien armé et si résolu. Une joie secrète, un redouble-
ment d'orgueil faisait palpiter les âmes à la voix du
grand Cardinal.

En peu de jours, hélas ! joie et fierté se changèrent
en deuil. Dieu rappela son serviteur soudainement,

(1) Allocution du 9 mai 1880 au sacre de Mgr de Briey, évêque de Roséa, coadjuteur de Meaux.

dans toute l'action de son zèle apostolique. Il avait franchi les frontières de son diocèse pour porter à un autre troupeau la parole sainte et l'encourager à la croisade des bonnes œuvres. Il venait de faire entendre un magnifique abrégé de la doctrine chrétienne en parlant de la Pentecôte et de l'action de l'Esprit-Saint dans le monde, quand son âme quitta la terre pour contempler mieux encore dans le sein de Dieu les vérités éternelles.

Et nous, ici-bas, admirons ce que nous avons connu en lui : les vertus de cette âme, l'étendue de cette intelligence, la puissance de cette voix, la clarté de cette vue, cet amour profond et agissant pour Dieu et son Église, enfin la plénitude et l'unité de cette doctrine et de cette vie.

Adorons le dessein de l'Éternel, qui au plus fort de la guerre antichrétienne se prive d'un tel soldat dans toute la vigueur de son âge, dans toute la force de son génie, dans tout l'éclat du rang princier où il venait d'être élevé ! C'est qu'il est le Tout-Puissant et que nul ne lui est nécessaire pour régner en ce monde !

TABLE DES MATIÈRES

POITIERS, TYPOGRAPHIE OUDIN.

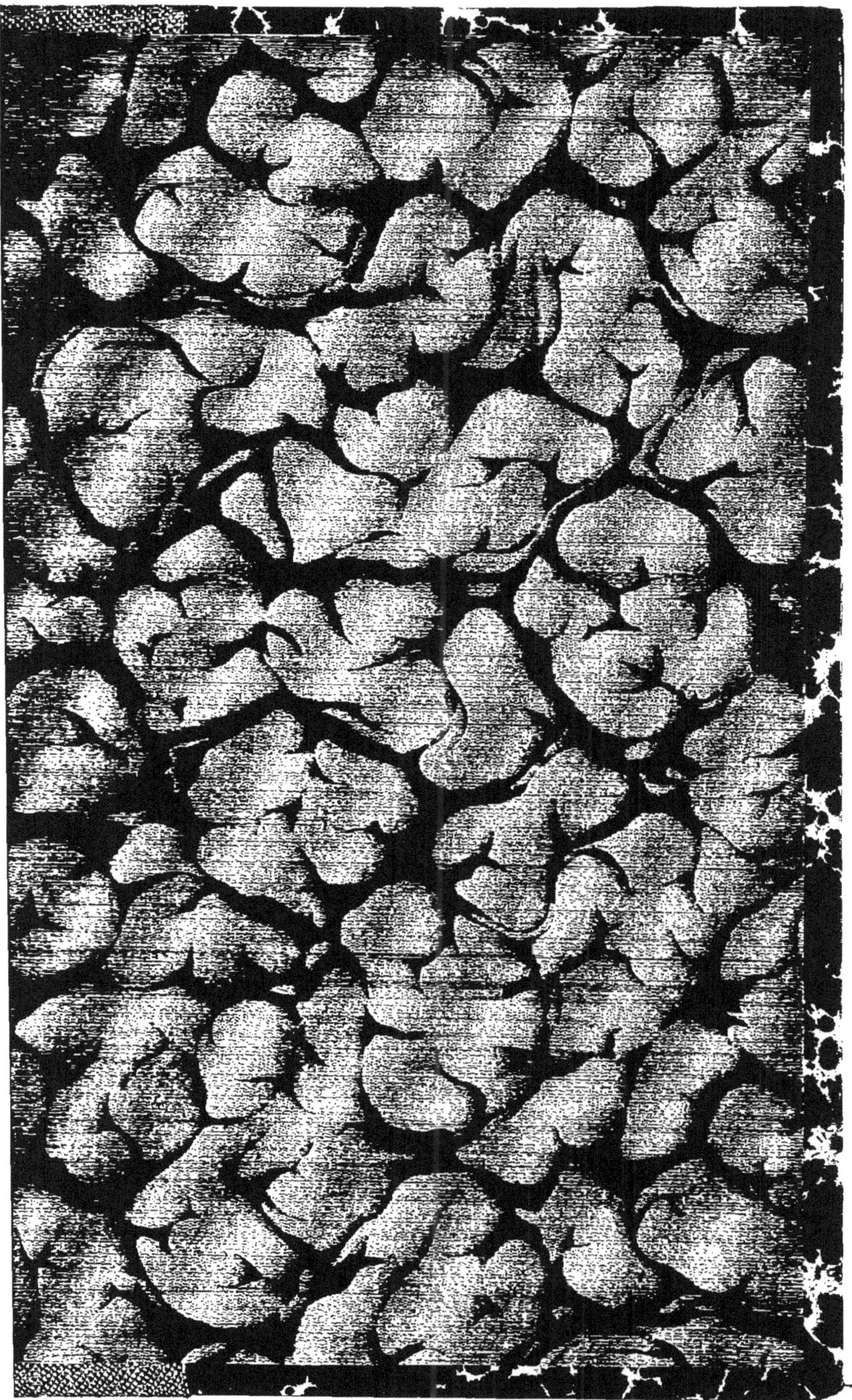

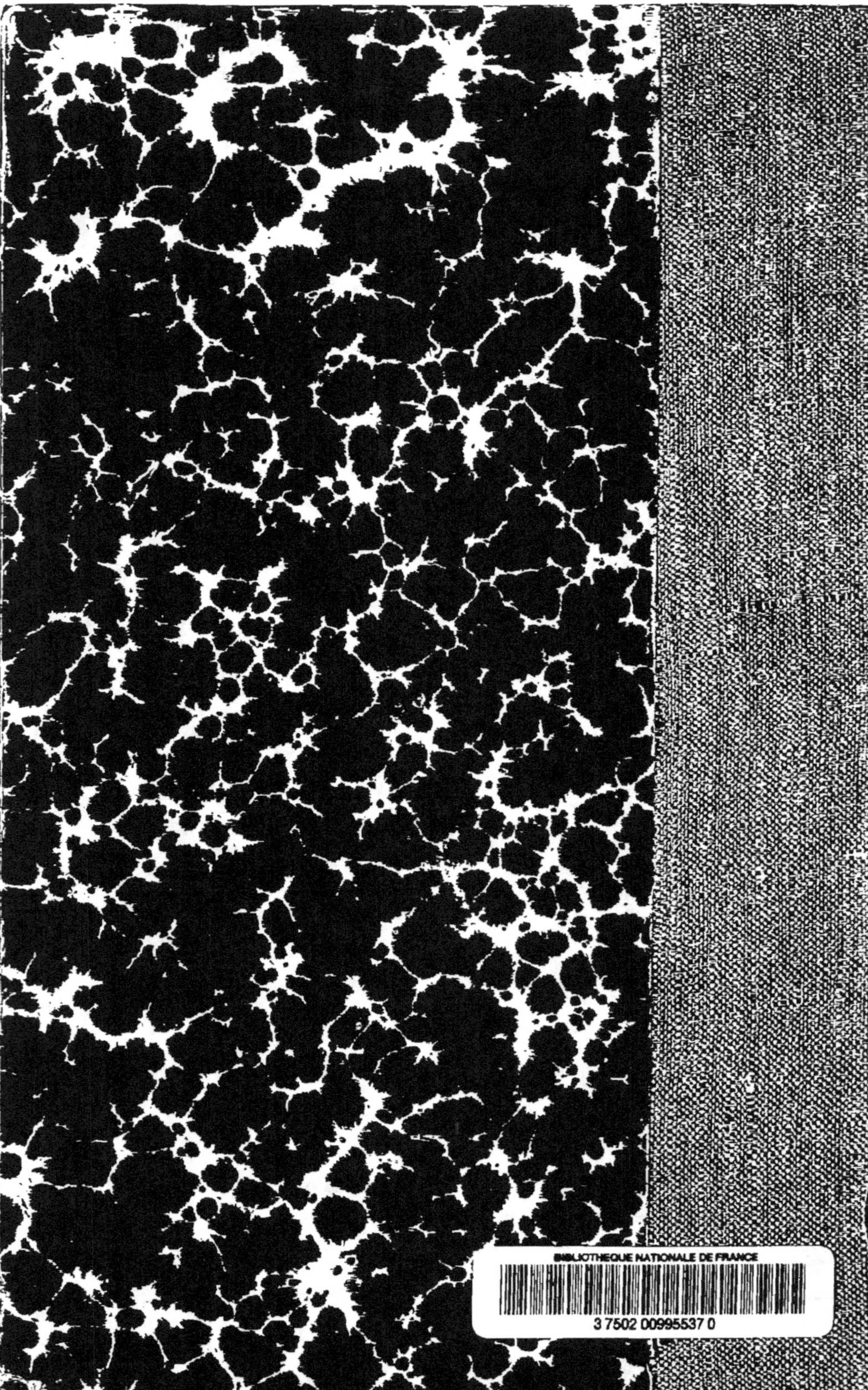